中国信用卡产业发展蓝皮书

（2011）

中国银行业协会银行卡专业委员会

责任编辑：孔德蕴　戴早红
责任校对：孙　蕊
责任印制：程　颖

图书在版编目（CIP）数据

中国信用卡产业发展蓝皮书（Zhongguo Xinyongka Chanye Fazhan Lanpishu）
(2011)/中国银行业协会银行卡专业委员会.—北京：中国金融出版社，2012.7

ISBN 978 - 7 - 5049 - 6433 - 5

Ⅰ.①中…　Ⅱ.①中…　Ⅲ.①信用卡—银行业务—经济发展—研究—中国—
2011　Ⅳ.①F832.2

中国版本图书馆CIP数据核字（2012）第126832号

出版
发行　中国金融出版社
社址　北京市丰台区益泽路2号
市场开发部　　（010）63266347，63805472，63439533（传真）
网上书店　http://www.chinafph.com
　　　　　　（010）63286832，63365686（传真）
读者服务部　　（010）66070833，62568380
邮编　100071
经销　新华书店
印刷　北京松源印刷有限公司
尺寸　169毫米×239毫米
印张　13.25
字数　162千
版次　2012年7月第1版
印次　2012年7月第1次印刷
定价　66.00元
ISBN 978 - 7 - 5049 - 6433 - 5/F.5993
如出现印装错误本社负责调换　联系电话（010）63263947

本书编委会

编委会主任委员： 邢本秀

编委会副主任委员： 杨 科　戴根有　冯 红

编委会成员（按姓氏笔画排序）：

王　喆　冯　菁　冯雪飞　刘加隆　严学旺　张　进　杨　进　陈　劲
陈　鸣　陈方华　邵　霞　林德明　赵宇梓　姚　伟　钟向群　栾建胜
徐　春　徐　瀚　舒世忠　曾宽扬　戴　兵　戴迅夫

课题组成员

课题组组长： 杨　科

课题组副组长： 程清亮　吴龙翔　刘小彦　余金桥　刘　镜

课题组成员（按姓氏笔画排序）：

孔祥莲　卢　伟　朱安平　刘小麟　刘红明　应悦佳　李　敏　李童陵
岑　康　张丹丹　高　娟

序

随着我国经济的发展和金融体系的不断完善，金融市场化程度日益提高，商业银行的信用卡产品和服务日益多样化，满足了人民群众对服务创新的需求，对个人信用、社会消费和产业发展都起了重要的推动作用。

2011年，我国信用卡交易金额为7.56万亿元，同比增长47.95%；交易笔数达28.5亿笔，同比增长18.75%；累计发行量达2.85亿张，同比增长24.3%；我国累计激活卡量达1.52亿张，活卡率为53.33%；人均持卡量为0.21张，整个信用卡产业朝着健康的方向发展。

《中国信用卡产业发展蓝皮书（2011）》在《中国信用卡产业发展蓝皮书（2009）》、《中国信用卡产业发展蓝皮书（2010）》的基础上，总结了2011年信用卡产业的发展及其对经济和社会的贡献情况，提出了目前信用卡产业存在的问题，建议对现有交易定价机制进行结构性调整，规范互联网支付定价机制；加大互联网技术的应用；采取多种完善措施，进一步加强风险管理工作；提高信用卡法律法规的效力层级，完善信用卡法律立法体系。

2011年中央经济工作会议指出，我国将继续实施积极的财政政策和稳健的货币政策，保持宏观经济政策的连续性和稳定性，增强调控的针对性、灵活性和前瞻性，继续保持经济平稳较快发展，调整好经济结构和通货膨胀预期的关系。将保障和改善民生、加快服务业发展、提高中等收入者比重作为扩大内需的战略基点，并在稳中求进的工作主基调中，着力于提高消费能力、培育消费热点、拓宽和开发消费领域、优化消费环境等方面。与外部经济密切互动的中国经济，面对复杂的新环境和新变化，2012年的发展之路将寄希望于国内国际两个大局，要增强机遇意识、忧患意识，充分认识危机带来的机遇和挑战，从全局高度加强战略筹划，增强应对能力，扬长避短、趋利避害，不断提高综合实力和竞争力。

我国信用卡产业在严峻的市场环境和提内需、促消费转型的机遇期内，需要在科学发展中谋转型，量质并举中促发展。展望2012年，世界经济总体上仍将十分严峻复杂，世界经济复苏的不稳定性、不确定性上升。在这样的形势下，希望各成员单位利用好银行卡专业委员会这个共同的平台，合作共赢，以科学发展为主题，全面推进产业转型。在以改革促发展的共识下，我国信用卡产业必将迎来新一轮发展机遇，走向新的辉煌。

中国银行业协会专职副会长

前　言

2011年是"十二五"开局之年。在世界经济复苏乏力、全球经济增速放缓的情况下，信用卡作为集支付结算、消费、信贷、理财等功能于一体的现代化电子支付工具，对扩大居民消费、促进经济增长、降低社会交易成本、促进商品流通、增加国家税收、支持反洗钱、扩大就业、推动建立和谐社会等方面继续发挥着积极作用。在拉动内需、促进GDP增长方面，我国信用卡交易金额在社会消费品零售总额中的占比从2010年的32.55%上升至2011年的41.72%，提升了约9.17个百分点，信用卡交易金额带动了0.46%的消费增长；仅2011年的信用卡交易就节约社会成本1 021亿元；2011年当年中国信用卡发卡行贡献税收约123.46亿元；对上下游产业链企业的投入，2011年当年超过280亿元。我国信用卡产业的迅速发展，对增加就业及征信体系的建设和完善都发挥了重要作用。

我国信用卡产业正从萌芽期步入成熟期，在中国人民银行、银监会、公安部等部委的大力支持下，我国信用卡的发卡规模正以几何级数量增长，受理环境逐年改善，风险状况较国际上一直处于较好状态，整个信用卡产业朝着健康的方向发展。

2011年，我国信用卡交易金额为7.56万亿元，同比增长47.95%；交易笔数达28.5亿笔，同比增长18.75%；累计发行量达2.85亿张，同比增长24.3%；我国累计激活卡量达1.52亿张，活卡率为53.33%；人均持卡量为0.21张。

境内受理市场的信用卡收单总量稳步上升，收单方式呈现多样性的发展趋势。2011年，我国境内受理商户318.01万户，同比增长45.68%；POS机终端累计482.65万台，同比增长44.77%；ATM累计33.38万台，同比增加23.17%。境外受理银联卡的国家和地区总数增至124个，比2010年增加20个；境外发行银联卡的国家和地区达到22个，累计发行银联卡1 300万张，同比增长

34%。银联境外受理商户总数达到151.6万户，同比增长77.3%；境外受理银联卡的POS机终端达到168.1万台，同比增长61.20%；受理银联卡境外ATM共91.7万台，同比增长11.60%。

我国银行业不断加强信用卡风险管理，风险管控水平整体提升。2011年，未偿信贷余额为8 129.6亿元，逾期半年未偿信贷总额为110.31亿元，信用卡延滞账户余额总计24.12亿元人民币。信用卡延滞率为0.33%，同比下降15.38%；损失率为0.47%，同比下降38.16%；信用卡欺诈损失率为0.33BP，较2010年下降0.05BP；虚假申请损失金额为5 606.53万元，同比下降20.95%；互联网欺诈损失金额为581.17万元；信用卡套现交易金额为32.96亿元。

2011年，中国信用卡市场继续向精细化方向发展。各发卡行一方面立足本行实际，主推具有本行特色的品牌产品，另一方面针对持卡人用卡理性、熟练，服务需求更加多样化、个性化的趋势，进一步细分市场，以更多元化的产品服务持卡人。各发卡行更加注重创新，以市场为导向，以客户为中心，不断开发新产品、推出新服务。

同时，各发卡行积极贯彻重视社会责任的发展理念，通过发行公益类信用卡产品，致力于抗震救灾、扶贫帮困；还通过建立公益基金、捐款捐物、参与志愿活动等多种形式，积极履行社会责任。

尽管中国信用卡产业对社会经济作出了巨大的贡献，但其健康持续发展仍受到多种因素的制约，《中国信用卡产业发展蓝皮书（2011）》对目前信用卡产业存在的问题进行了阐述，如目前的收单定价机制已经不能适应信用卡收单市场的环境的变化，非金融支付机构对信用卡产业造成巨大冲击，信用卡风险管理水平不高，信用卡法律规制建设不完善等。建议对现有定价机制进行结构性调整，规范互联网支付收单定价机制；加大互联网技术的应用；采取多种完善措施，进一步加强风险管理工作；提高信用卡法律法规的效力层级，完善信用卡法律立法技术。

本书在编写过程中得到了中国人民银行、中国银监会、中国银行业协会及银行卡专业委员会全体成员单位的大力支持，在此表示衷心感谢！

受时间和编写人员精力所限，本书尚有诸多不尽如人意之处，诚盼指正。

《中国信用卡产业发展蓝皮书（2011）》课题组

目 录

1	**总体篇**	
3	**第一章**	**2011年我国信用卡发卡状况**
3	第一节	发卡规模
5	第二节	市场分布
8	**第二章**	**2011年我国信用卡交易状况**
8	第一节	交易规模
11	第二节	交易结构
16	**第三章**	**2011年我国信用卡受理市场状况**
16	第一节	境内受理市场
19	第二节	境外受理市场
25	**第四章**	**2011年我国信用卡风险状况**
25	第一节	信贷规模及信用风险
28	第二节	信用卡欺诈风险
33	**第五章**	**2011年我国信用卡产品及服务状况**
33	第一节	信用卡主推品牌产品及服务

| 36 | 第二节 | 信用卡创新产品及服务 |

第六章　我国信用卡产业支付服务价格 ... 42

42	第一节	我国信用卡支付服务价格现状
44	第二节	信用卡支付服务定价存在的问题
47	第三节	信用卡支付服务定价建议

第七章　我国信用卡产业互联网应用 ... 51

51	第一节	我国信用卡产业互联网应用现状
53	第二节	我国信用卡产业互联网应用存在的问题
54	第三节	加快信用卡互联网业务发展的对策

第八章　我国信用卡产业风险管理 ... 62

62	第一节	我国信用卡产业风险现状
64	第二节	我国信用卡风险管理存在的问题
66	第三节	我国信用卡风险管理的建议

第九章　我国信用卡产业法律规制 ... 70

70	第一节	我国信用卡产业法律规制现状
73	第二节	我国信用卡产业法律规制存在的问题
75	第三节	我国信用卡产业法律规制发展建议

第十章　我国信用卡产业对经济和社会的贡献 ... 77

77	第一节	扩大居民消费、促进经济增长
78	第二节	降低交易成本、促进商业发展
81	第三节	增加税收、支持反洗钱
83	第四节	支持扩大就业

87	第五节　推动和谐社会建设
89	**第十一章　2011年我国各发卡行社会责任状况**
89	第一节　各发卡行公益卡介绍
91	第二节　各发卡行公益活动介绍
97	**机构篇**
99	**第一章　中国银联**
99	一、2011年业务发展概况
101	二、新增产品及服务
102	三、互联网业务的发展
103	四、风险管理
104	五、社会责任
106	**第二章　中国工商银行**
106	一、2011年业务发展概况
106	二、新增产品及服务
107	三、网上银行的发展
108	四、风险管理情况
109	五、社会责任
111	**第三章　中国农业银行**
111	一、2011年业务发展概况
112	二、新增产品及服务
112	三、网上银行的发展
113	四、风险管理情况

114	五、社会责任

116	**第四章　中国银行**
116	一、2011年业务发展概况
116	二、新增产品及服务
118	三、网上银行的发展
119	四、风险管理情况
120	五、社会责任

121	**第五章　中国建设银行**
121	一、2011年业务发展概况
122	二、新增产品及服务
123	三、网上银行的发展
123	四、风险管理情况
123	五、社会责任

125	**第六章　交通银行**
125	一、2011年业务发展概况
125	二、新增产品及服务
128	三、网上银行的发展
128	四、风险管理情况
129	五、社会责任

130	**第七章　中信银行**
130	一、2011年业务发展概况
130	二、新增产品及服务
131	三、网上银行的发展

132	四、风险管理情况
133	五、社会责任

135	**第八章　华夏银行**
135	一、2011年业务发展概况
136	二、新增产品及服务
137	三、网上银行的发展
138	四、风险管理情况
139	五、社会责任

140	**第九章　广发银行**
140	一、2011年业务发展概况
140	二、新增产品及服务
141	三、网上银行的发展
142	四、风险管理情况
143	五、社会责任

145	**第十章　深圳发展银行**
145	一、2011年业务发展概况
145	二、新增产品及服务
147	三、网上银行的发展
147	四、风险管理情况
148	五、社会责任

150	**第十一章　中国光大银行**
150	一、2011年业务发展概况
151	二、新增产品及服务

152	三、网上银行的发展
152	四、风险管理情况
153	五、社会责任

第十二章　招商银行

154	一、2011年业务发展概况
154	二、新增产品及服务
155	三、网上银行的发展
156	四、风险管理情况
157	五、社会责任

第十三章　上海浦东发展银行

158	一、2011年业务发展概况
158	二、新增产品及服务
160	三、网上银行的发展
160	四、风险管理情况
161	五、社会责任

第十四章　兴业银行

163	一、2011年业务发展概况
164	二、新增产品及服务
166	三、网上银行的发展
167	四、风险管理情况
168	五、社会责任

第十五章　中国民生银行

170	一、2011年业务发展概况

170	二、新增产品及服务
172	三、网上银行的发展
173	四、风险管理情况
174	五、社会责任
175	**第十六章 中国邮政储蓄银行**
175	一、2011年业务发展概况
175	二、新增产品及服务
176	三、网上银行的发展
176	四、风险管理情况
177	五、社会责任
178	**第十七章 北京银行**
178	一、2011年业务发展概况
178	二、新增产品及服务
180	三、网上银行的发展
180	四、风险管理情况
181	五、社会责任
183	**第十八章 上海银行**
183	一、2011年业务发展概况
183	二、新增产品及服务
184	三、网上银行的发展
186	四、风险管理情况
187	五、社会责任
188	**第十九章 南京银行**
188	一、2011年业务发展概况

188	二、新增产品及服务
189	三、网上银行的发展
189	四、风险管理情况
190	五、社会责任
191	**第二十章　平安银行**
191	一、2011年业务发展概况
191	二、新增产品及服务
193	三、网上银行的发展
193	四、风险管理情况
194	五、社会责任

总体篇

中国信用卡产业
发展蓝皮书(2011)

第一章

2011年我国信用卡发卡状况

2011年是"十二五"开局之年。在世界经济复苏乏力、全球经济增速放缓的情况下,中国经济继续持续快速增长,全国信用卡发卡量继续保持快速增长势头。

第一节 发卡规模

一、发卡量

2011年信用卡新增发行量5 500万张,累计发行量达2.85亿张,比上年增长24.3%(见图1-1)。

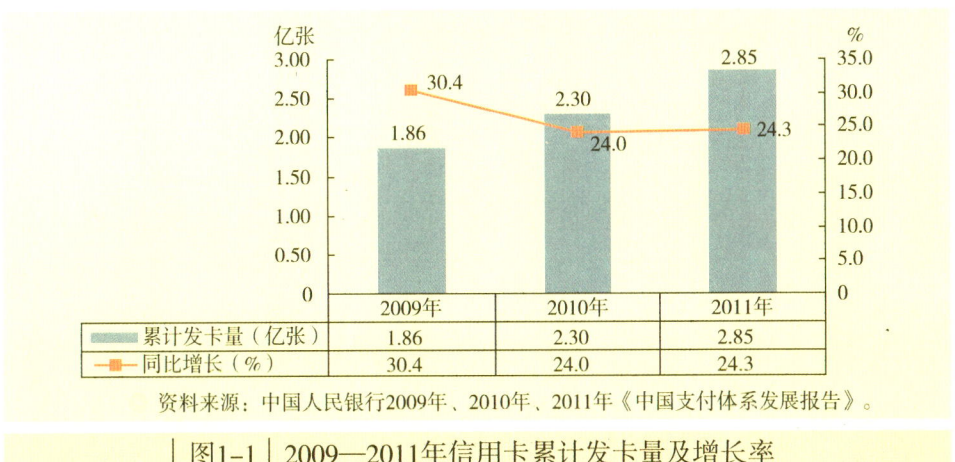

资料来源:中国人民银行2009年、2010年、2011年《中国支付体系发展报告》。

| 图1-1 | 2009—2011年信用卡累计发卡量及增长率

二、活卡量

截至2011年末，我国累计激活卡量达1.52亿张，比上年增长15.15%（见图1-2）。

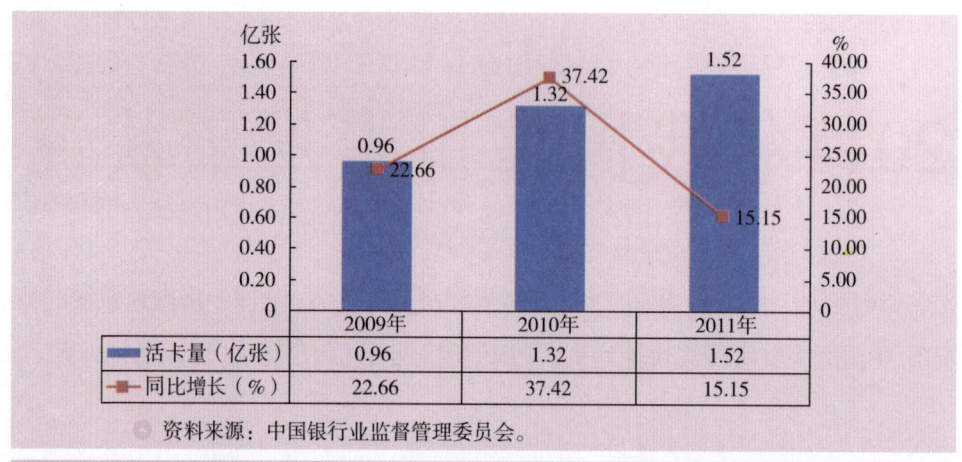

图1-2 | 2009—2011年信用卡活卡量及增长率

三、活卡率

截至2011年末，信用卡活卡率为53.33%（见图1-3）。

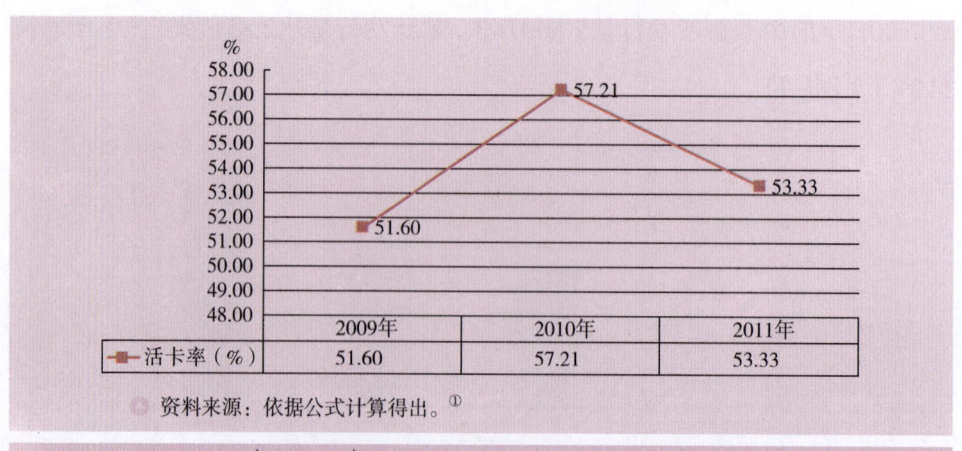

图1-3 | 2009—2011年信用卡活卡率

---

① 活卡率=180天内使用的卡量/总卡量，180天内使用的卡量来自中国银行业监督管理委员会；总卡量来自中国人民银行。

四、人均持卡量[1]

2011年，按全国人口计算，信用卡人均持卡量在2009年、2010年的基础上持续增长，年末为人均0.21张（见图1-4）。

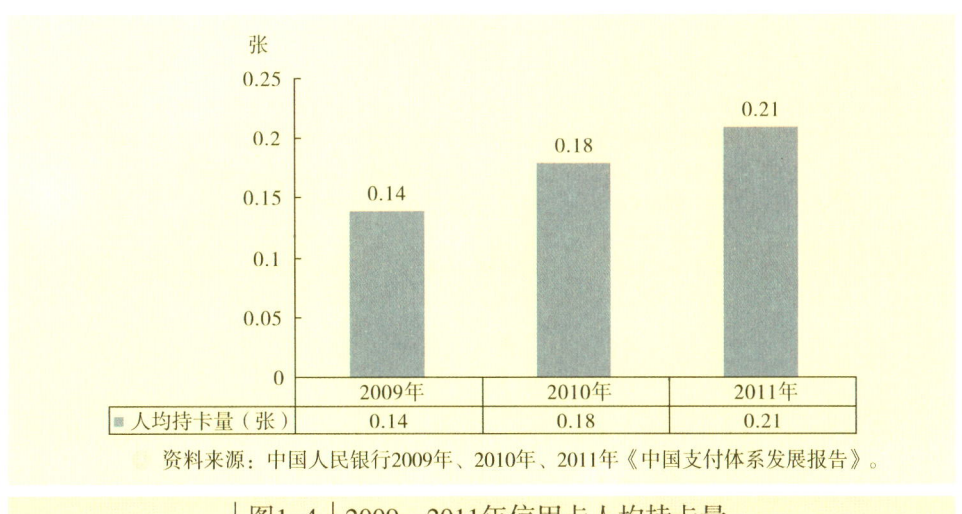

资料来源：中国人民银行2009年、2010年、2011年《中国支付体系发展报告》。

| 图1-4 | 2009—2011年信用卡人均持卡量

第二节 市场分布

一、各主要发卡行发卡量

根据中国银行业监督管理委员会的统计，三类发卡机构信用卡发卡量如图1-5所示。[2]

---

[1] 人均持卡量=总卡量÷统计时点人口总数。
[2] 根据银行业协会的统计口径，此处的"发卡"指的是有效卡。

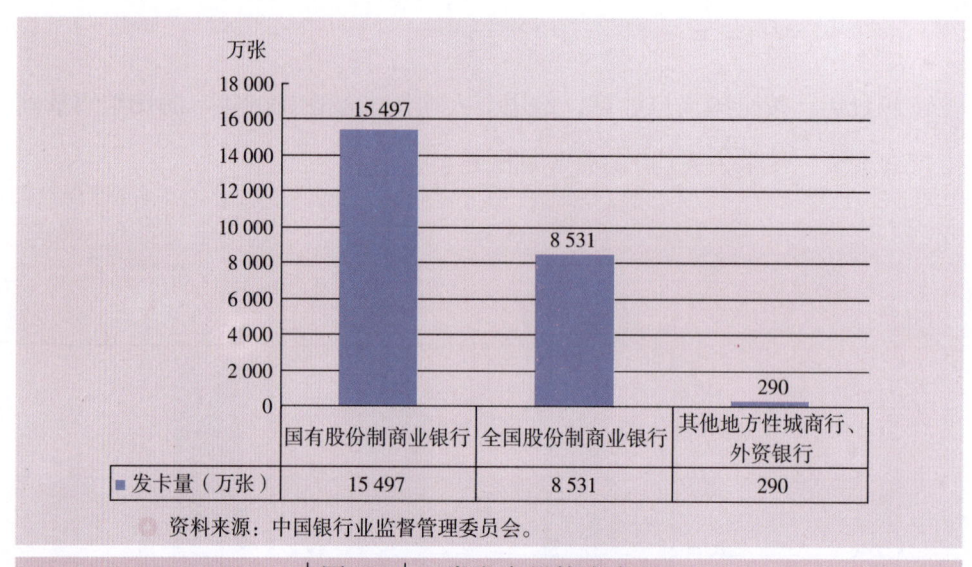

资料来源：中国银行业监督管理委员会。

| 图1-5 | 三类发卡机构发卡量

截至2011年末，中国工商银行、中国农业银行、中国银行、中国建设银行、交通银行这五家国有股份制商业银行共累计发行信用卡15 497万张，招商银行等14家股份制商业银行累计发行信用卡8 531万张，其他地方性城商行、外资银行发行信用卡290万张。

二、市场份额

截至2011年末，中国工商银行、中国农业银行、中国银行、中国建设银行、交通银行五家国有股份制商业银行信用卡累计发卡量占全国信用卡总发卡量的63.73%，招商银行等14家全国股份制商业银行的信用卡累计发卡量占全国信用卡总发卡量的35.08%，其他地方性城商行、外资银行等约占1.19%（见图1-6）。

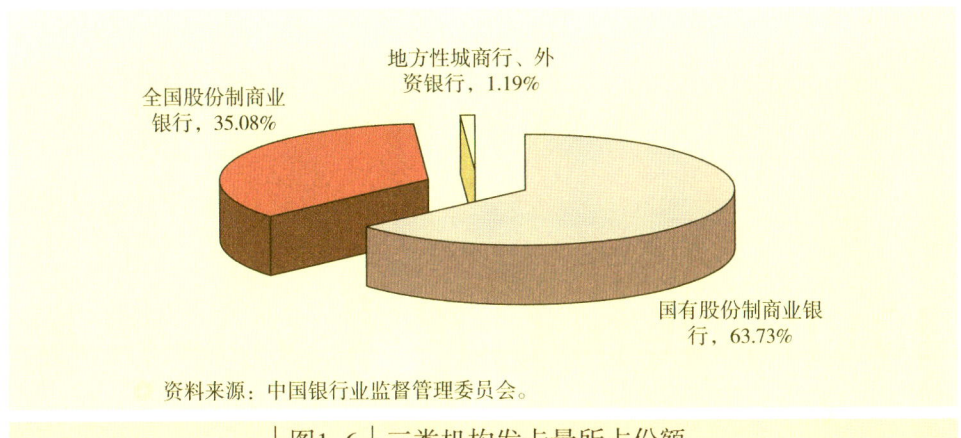

资料来源：中国银行业监督管理委员会。

图1-6 三类机构发卡量所占份额

第二章

2011年我国信用卡交易状况

2011年，我国信用卡交易笔数、交易额大幅增长，中国银联标识信用卡交易金额和交易笔数在全球的市场份额上升到8.92%，居全球主要银行卡组织第四位。信用卡交易在新兴行业和房批类商户的交易金额和交易笔数占比有明显增长。信用卡交易占社会消费品零售总额比重持续增长。

第一节 交易规模

一、交易笔数[①]

2011年，我国信用卡交易笔数为28.50亿笔，在2009年、2010年增长率分别为32.21%、21.83%的基础上，继续保持18.75%的快速增长（见图2-1）。

[①] 交易笔数包括消费、取现、还款和查询交易等，本报告数据的交易笔数为中国银联统计数据，为跨行交易笔数，指经过银联CUPS系统转接的所有交易，不包含仅通过发卡行系统完成的交易。

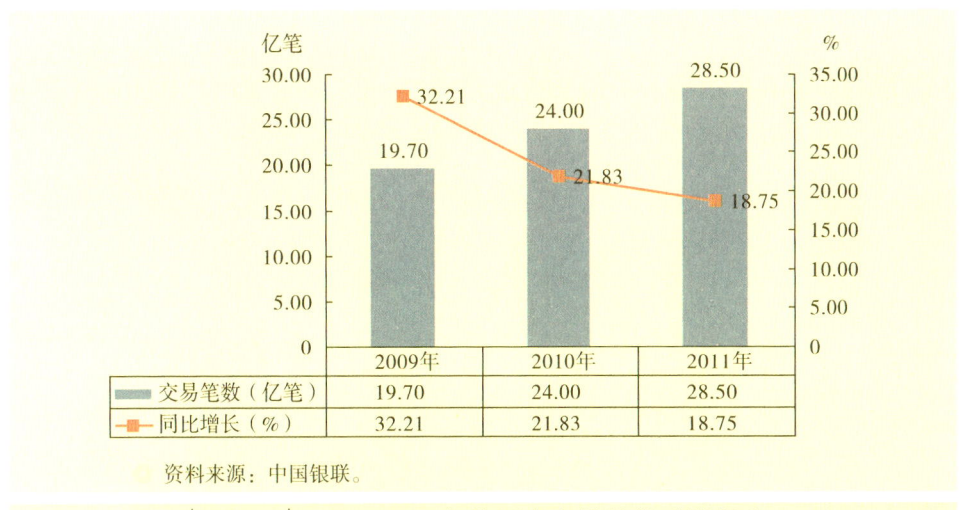

资料来源：中国银联。

| 图2-1 | 2009—2011年信用卡交易笔数及增长率

二、交易金额[1]

2011年，我国信用卡交易金额为7.56万亿元，在2009年、2010年增长率分别为69.90%、46.00%的基础上，比上年增长47.95%（见图2-2）。

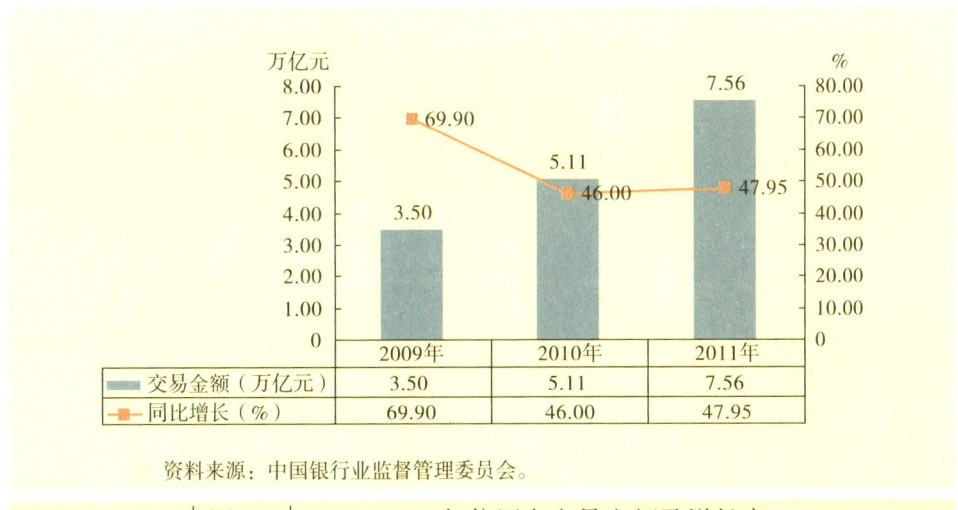

资料来源：中国银行业监督管理委员会。

| 图2-2 | 2009—2011年信用卡交易金额及增长率

---

[1] 本处所指交易金额为本期消费、取现和转账金额之和。

三、卡均交易额

2011年，我国信用卡卡均交易额为26 526元，比上年增长19.40%（见图2-3）。

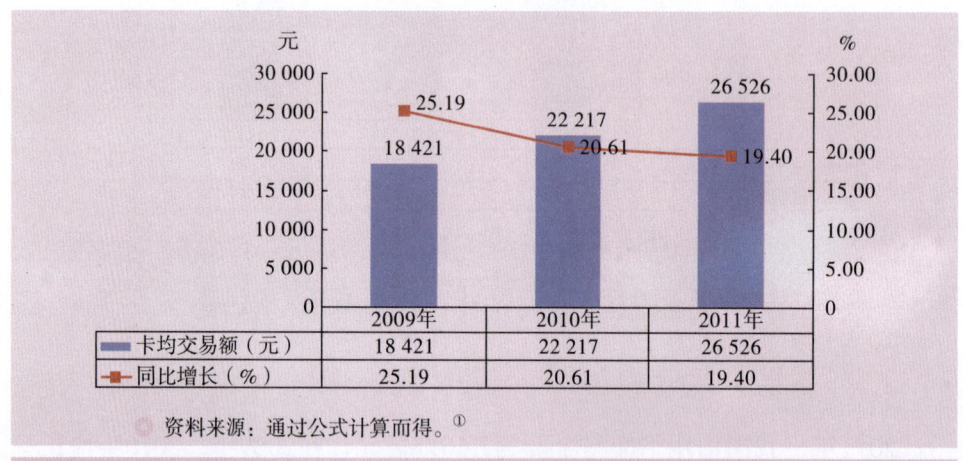

|图2-3| 2009—2011年信用卡卡均交易额及增长率

四、渗透率②

2011年，我国信用卡交易金额占社会消费品零售总额的比重为41.72%，比上年提高9.17个百分点（见图2-4）。

---

① 卡均交易额=交易金额/累计发卡量。交易金额数据来源于中国银行业监督管理委员会，累计发卡量来自于中国人民银行。
② 此处的渗透率是指扣除房地产类商户交易后的信用卡交易金额与社会消费品零售总额的比值，根据中国银联、国家统计局的数据计算得出。

总体篇

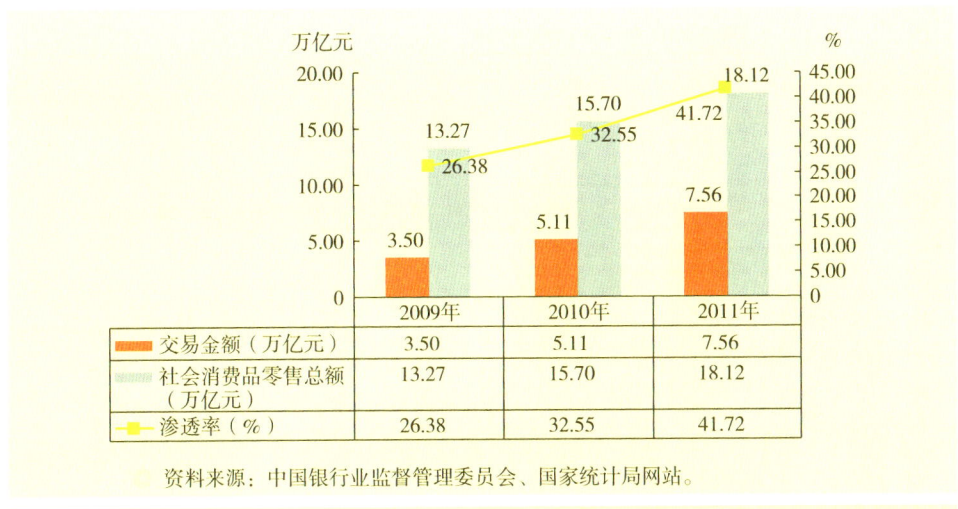

资料来源：中国银行业监督管理委员会、国家统计局网站。

|图2-4| 2009—2011年信用卡交易金额及渗透率

第二节 交易结构

一、重点消费领域

2011年信用卡交易在促进新兴行业类和房批类商品销售中发挥了重要作用。新兴行业类商户的跨行交易金额增长迅速，市场份额较2010年提高0.6个百分点。房地产、汽车销售、批发类商户（以下简称房批类商户）的跨行交易金额市场份额较2010年提高4.6个百分点。其中汽车销售类商户交易金额较2010年显著提高，达62%。这主要与2011年度各发卡行大力推广信用卡分期购车活动有关（见图2-5）。

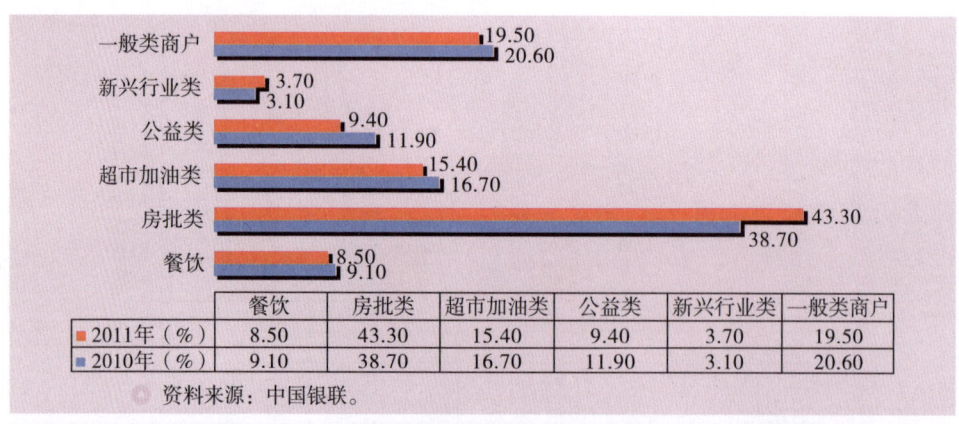

	餐饮	房批类	超市加油类	公益类	新兴行业类	一般类商户
2011年（%）	8.50	43.30	15.40	9.40	3.70	19.50
2010年（%）	9.10	38.70	16.70	11.90	3.10	20.60

资料来源：中国银联。

| 图2-5 | 2010—2011年信用卡各类商户的交易金额占比

从交易笔数占比上看，2011年国内信用卡在餐饮、房批类、新兴行业类增速较快，增速较2010年分别上涨0.6%、0.8%、0.7%，其中房批类增速在六大类商户中居首位（见图2-6）。

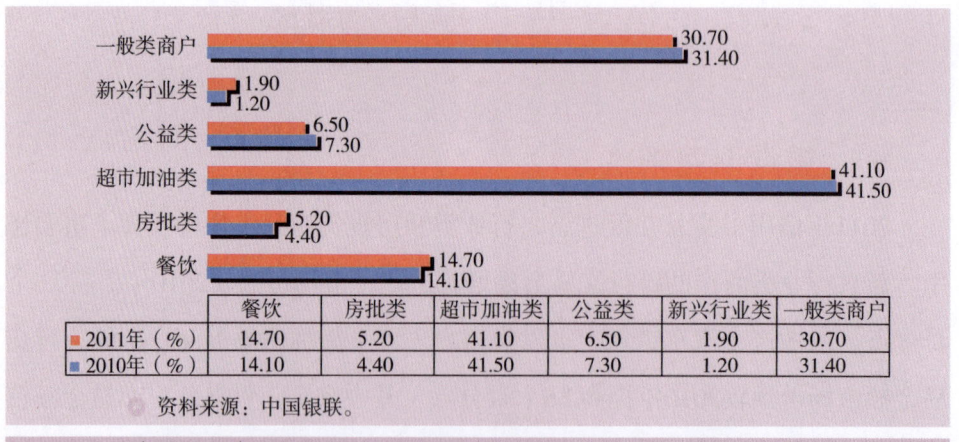

	餐饮	房批类	超市加油类	公益类	新兴行业类	一般类商户
2011年（%）	14.70	5.20	41.10	6.50	1.90	30.70
2010年（%）	14.10	4.40	41.50	7.30	1.20	31.40

资料来源：中国银联。

| 图2-6 | 2010—2011年信用卡各类商户的交易笔数占比

二、境内外交易分布

2011年全年，银联卡[①]累计交易89.3亿笔，其中99.07%的交易发生在境

[①] 此处的"银联卡"包括借记卡和信用卡，所指交易包括在POS机和ATM等自助设备上的所有交易（不含还款交易）。

内，0.93%的交易发生在境外（见图2-7）。

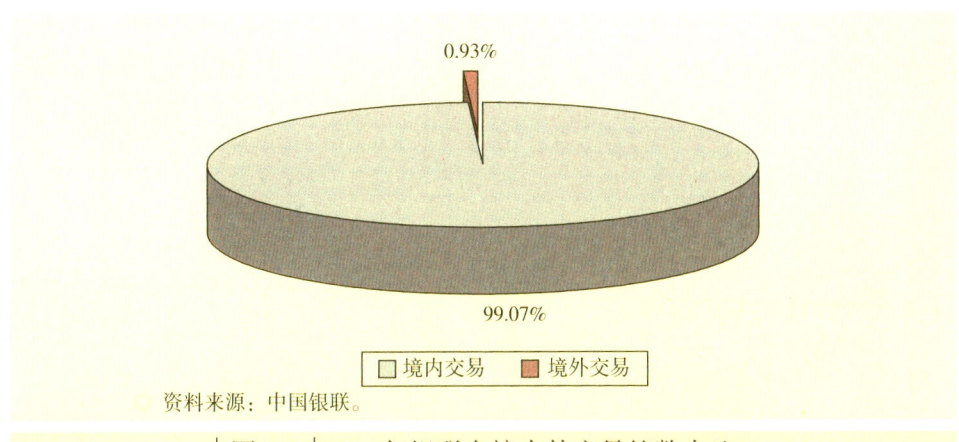

| 图2-7 | 2011年银联卡境内外交易笔数占比

三、世界主要银行卡组织的银行卡交易比较

比较2011年六大银行卡组织的全球跨行交易金额[①]，Visa以全年25 832亿美元的交易金额位居榜首，其次分别为万事达和美国运通。中国银联以5 544亿美元的交易金额位居全球第四，但交易金额增速位居第一（见图2-8）。

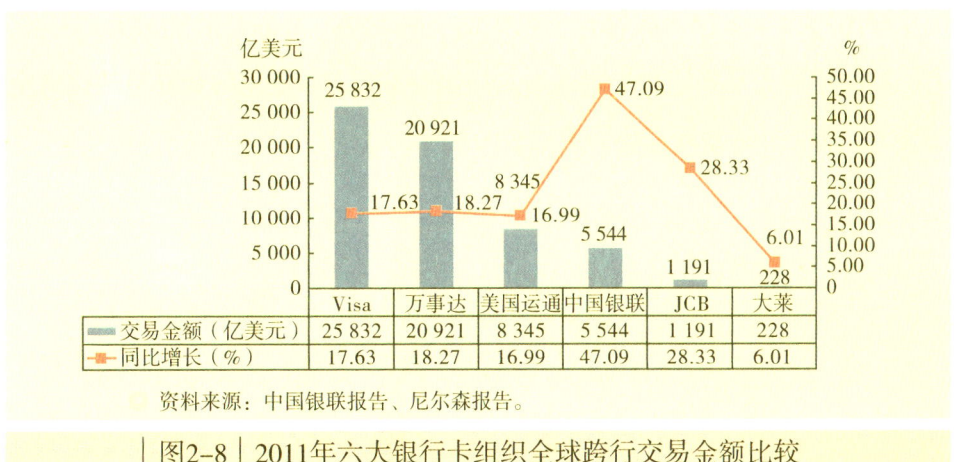

| 图2-8 | 2011年六大银行卡组织全球跨行交易金额比较

[①] 此处交易金额指信用卡全球跨行交易规模。

Visa在六大银行卡组织中全球跨行交易金额占比为41.62%[①],万事达为33.71%,Visa、万事达二者合计占比达75.33%,超过3/4的市场份额。银联占比为8.93%(见图2-9)。

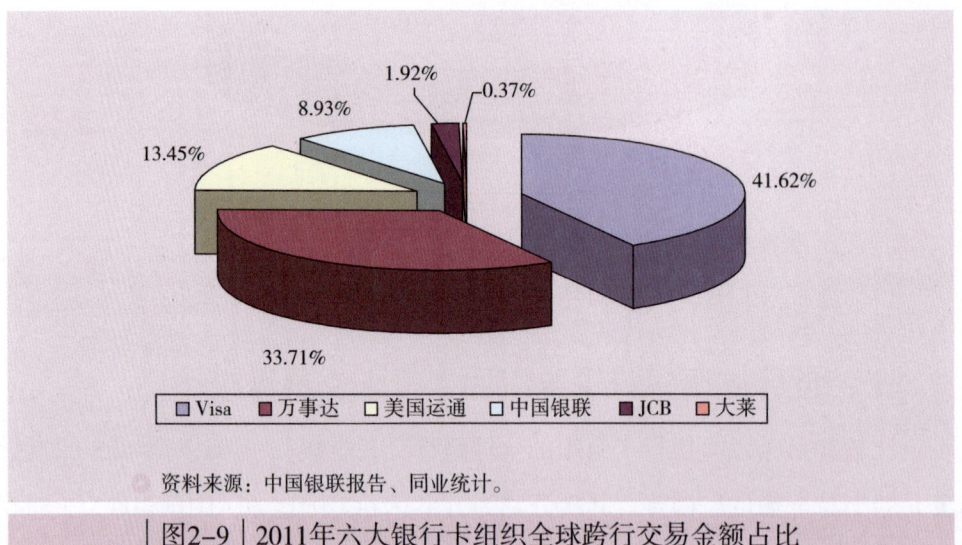

资料来源:中国银联报告、同业统计。

| 图2-9 | 2011年六大银行卡组织全球跨行交易金额占比

对比2011年全球六大银行卡组织的交易笔数,Visa交易笔数为275.4亿笔,其次分别为万事达和美国运通。中国银联以28.4亿笔的交易笔数位居全球第四,而交易笔数增速位居第二位(见图2-10)。

---

① 以世界六大银行卡组织为100%。

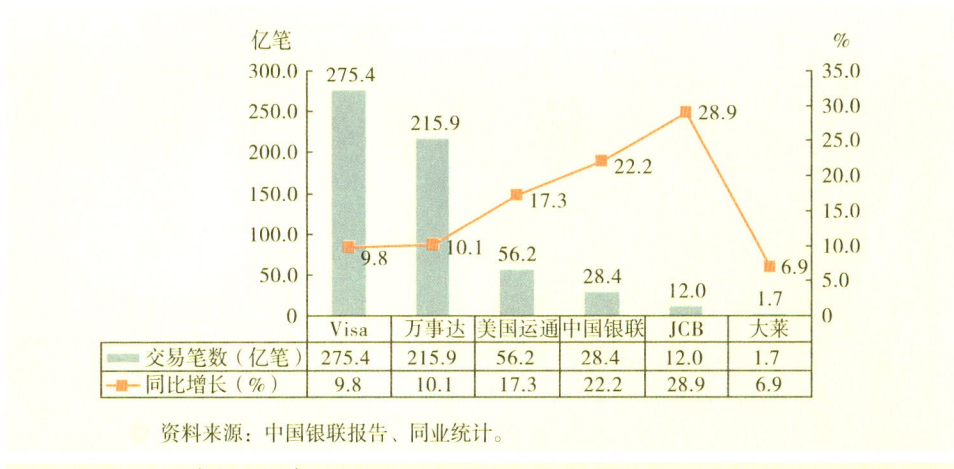

图2-10 2011年六大银行卡组织交易笔数比较

Visa在六大银行卡组织中交易笔数占比为46.71%[1]，万事达为36.62%，Visa、万事达二者合计占比达83.33%，超过4/5的市场份额。银联占比为4.82%（见图2-11）。

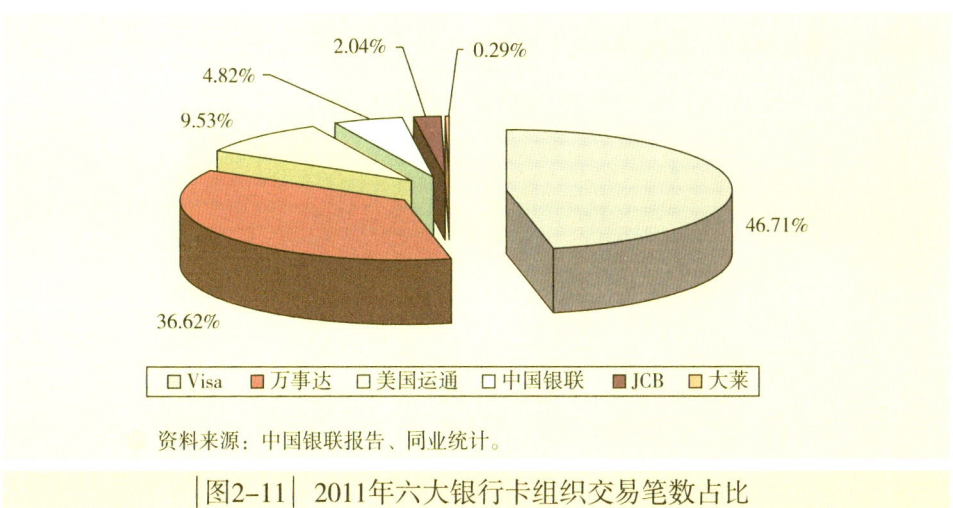

图2-11 2011年六大银行卡组织交易笔数占比

---

[1] 以世界六大银行卡组织为100%。

第三章

2011年我国信用卡受理市场状况

2011年，境内受理市场的信用卡收单总量稳步上升，收单方式呈现多样性发展趋势，非金融支付机构的市场占比继续提升；境外受理市场方面，银联境外受理商户、受理终端均大幅增长，但与国际其他信用卡收单机构相比，银联境外受理商户的规模拓展前景仍十分广阔。

第一节 境内受理市场

一、受理商户

截至2011年末，我国境内银行卡受理商户318.01万户。其中，2011年新增99.71万户，比上年增长45.68%（见图3-1）。

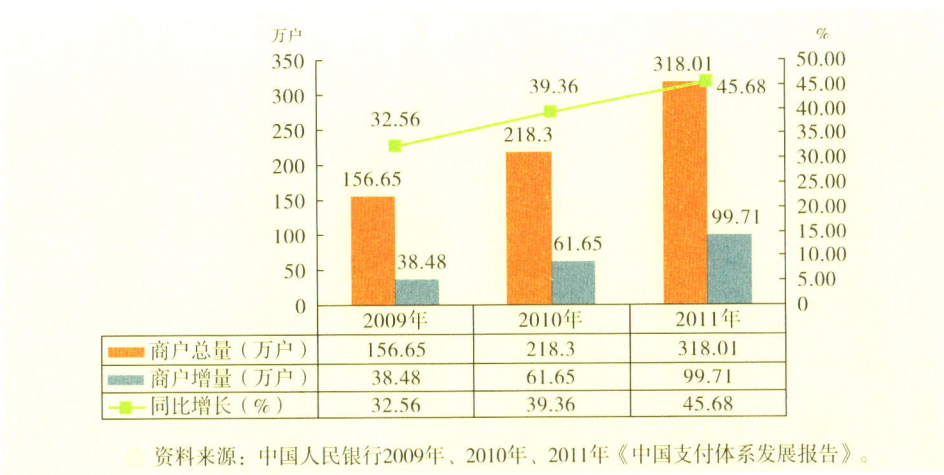

资料来源:中国人民银行2009年、2010年、2011年《中国支付体系发展报告》。

| 图3-1 | 2009—2011年受理商户规模及增长率

二、POS机

截至2011年末,我国境内POS机终端累计482.65万台。其中,2011年新增149.25万台,比上年增长44.77%(见图3-2)。

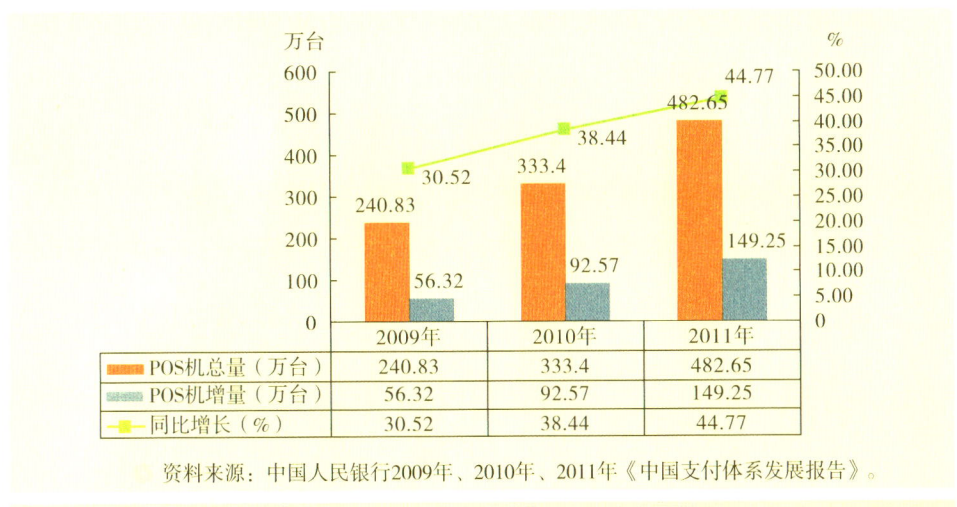

资料来源:中国人民银行2009年、2010年、2011年《中国支付体系发展报告》。

| 图3-2 | 2009—2011年POS机终端规模及增长率

三、ATM

截至2011年末,我国境内ATM累计33.38万台。其中,2011年新增6.28万台，比上年增长23.17%。

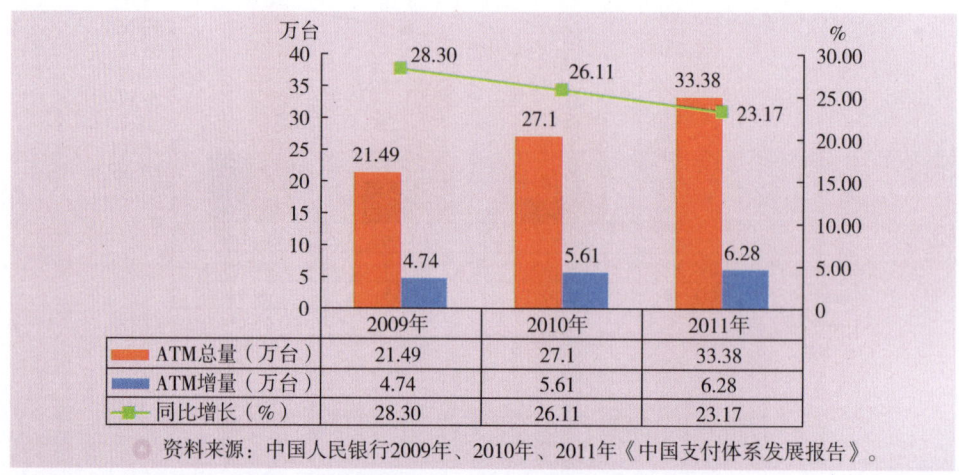

| 图3-3 | 2009—2011年ATM规模及增长率

四、非金融支付机构受理市场状况

目前收单类型包括[①]POS收单、互联网收单、MOTO收单[②]、ATM等。2011年中国非金融支付机构市场交易份额稳中有变，支付宝以46%的市场份额仍然排名第一位，财付通以21.2%的市场份额排名第二位，前两家支付机构在整个非金融支付机构市场份额中占近七成（见图3-4）。

另外，2011年一些发卡行自营MOTO收单业务，携程旅行网在中国在线

---

① 资料来源：同业调研。
② MOTO：Mail Order/Telephone Order，邮件订购/电话订购。MOTO transaction, also known as a Card Not Present transaction is a transaction for which the credit card is not physically swiped through a terminal. This type of transaction includes telephone, mail order, and internet.

旅行预订OTA[1]市场营收中的占比最大。

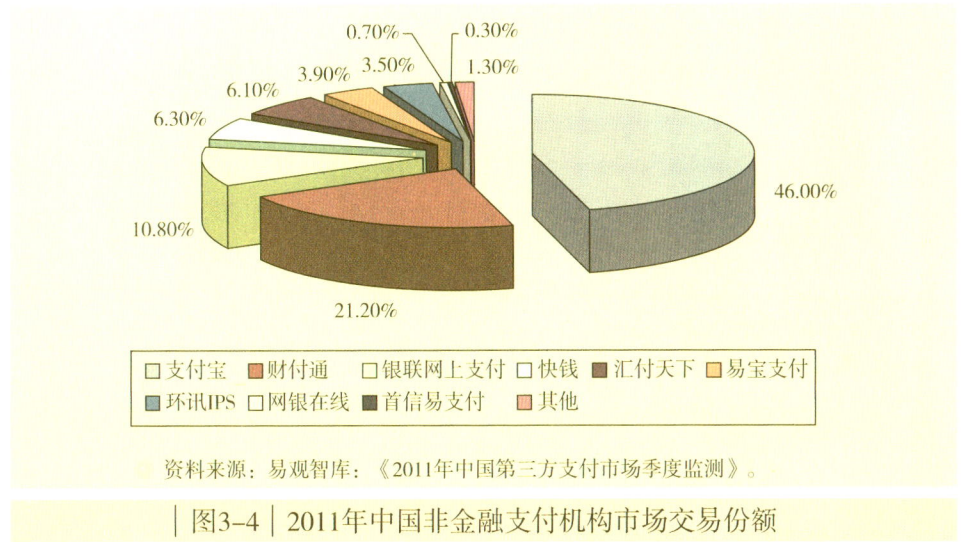

资料来源：易观智库：《2011年中国第三方支付市场季度监测》。

| 图3-4 | 2011年中国非金融支付机构市场交易份额

第二节 境外受理市场

一、银联卡境外受理市场

截至2011年末，境外受理银联卡的国家和地区总数增至124个，比上年增加20个，增长19.23%（见图3-5）。境外发行银联卡的国家和地区达到22个，累计发行银联卡1 300万张，比上年增长34%[2]。

---

[1] OTA（Over-the-Air），Over-The-Air is a standard for the transmission and reception of application-related information in a wireless communications system. Over-The-Air is commonly used in conjunction with the Short Messaging Service (SMS), which allows the transfer of small text files even while using a mobile phone for more conventional purposes. In addition to short messages and small graphics, such files can contain instructions for subscription activation, banking transactions, ringtones, and Wireless Access Protocol (WAP) settings. 本报告指第三方在线代理商。

[2] 资料来源：中国银联。

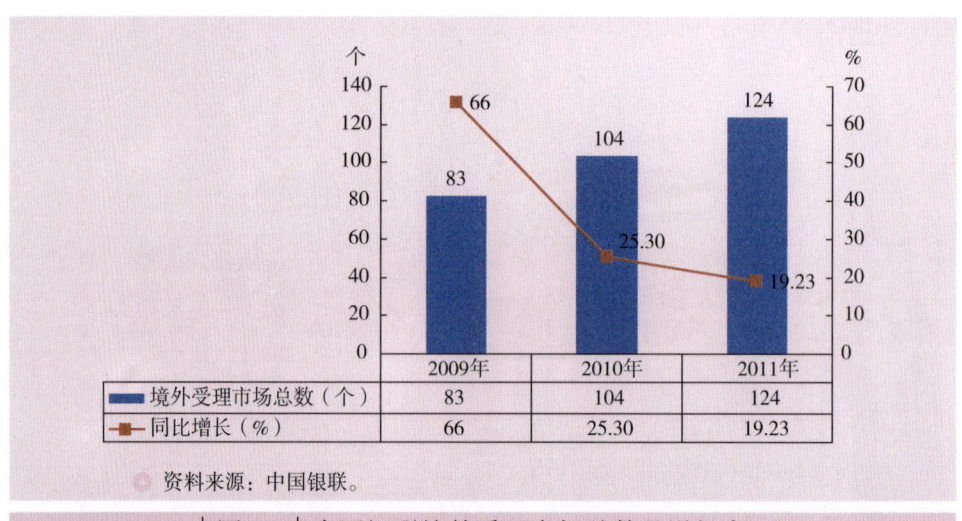

| 图3-5 | 中国银联境外受理市场总数及增长率

二、银联境外受理商户[①]

截至2011年末,银联境外受理商户总数达到151.6万户,其中当年新增受理商户66.6万户,比上年增长78.35%(见图3-6)。

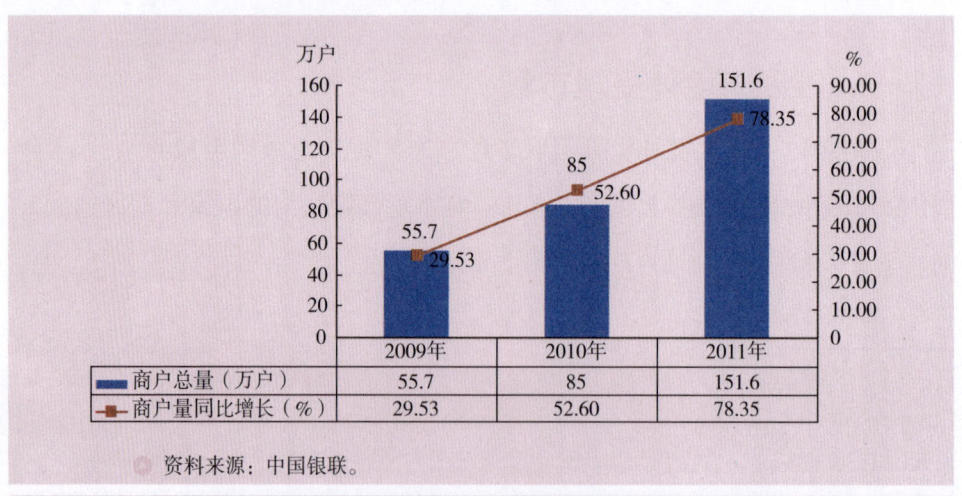

| 图3-6 | 2009—2011年银联境外受理商户总量及增速

---

① 该商户为凭密商户数。

从境外各地区商户总量的增长情况看,银联卡在美加地区和亚太非地区的商户总量比上年均有显著增长,分别增长了116%和48%。欧洲和港澳地区分别增长15%和10%(见图3-7)。

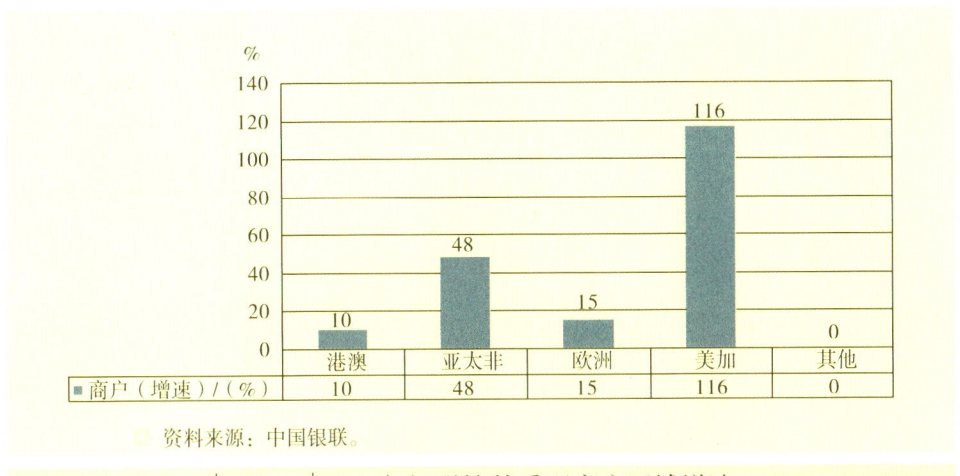

|图3-7| 2011年银联境外受理商户区域增速

三、受理银联卡境外POS机

截至2011年末,境外受理银联卡的POS机终端达到168.1万台,其中当年新增64.1万台,比上年增长61.63%(见图3-8)。

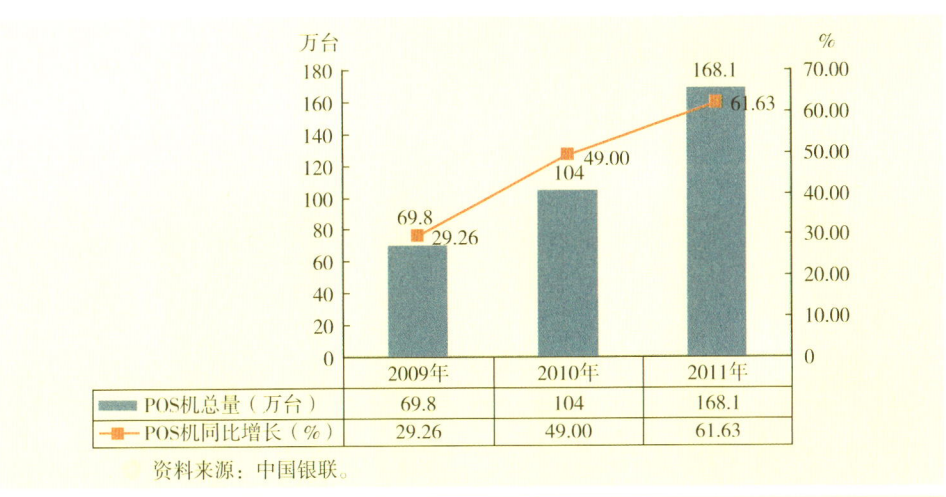

|图3-8| 2009—2011年受理银联卡境外POS机总量及增速

从境外各地区POS机终端总量的增长情况看,银联卡在亚太非地区、美加地区和欧洲地区的POS机终端总量增长较快,分别比上年增长了50%、43%和23%(见图3-9)。

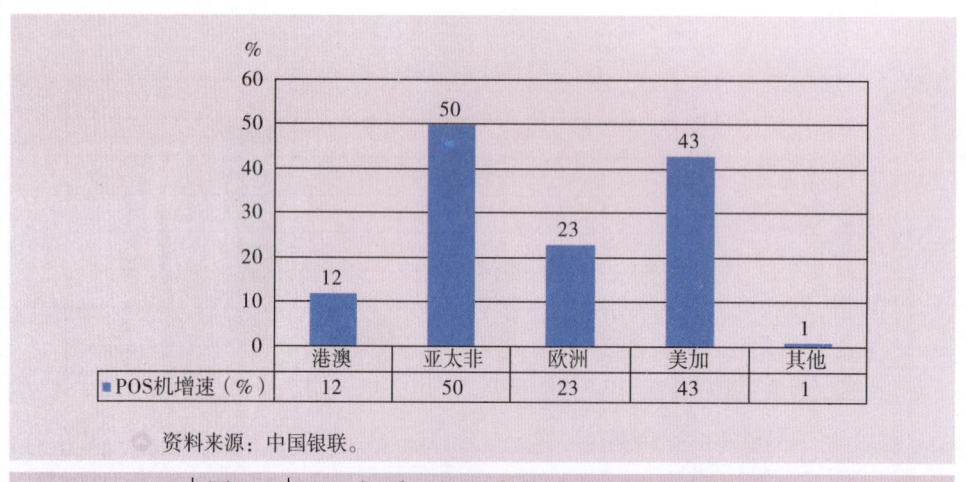

资料来源:中国银联。

| 图3-9 | 2011年受理银联卡境外POS机区域增速

四、受理银联卡境外ATM

截至2011年末,受理银联卡境外ATM共91.7万台,其中当年新增9.7万台,比上年增长11.83%(见图3-10)。

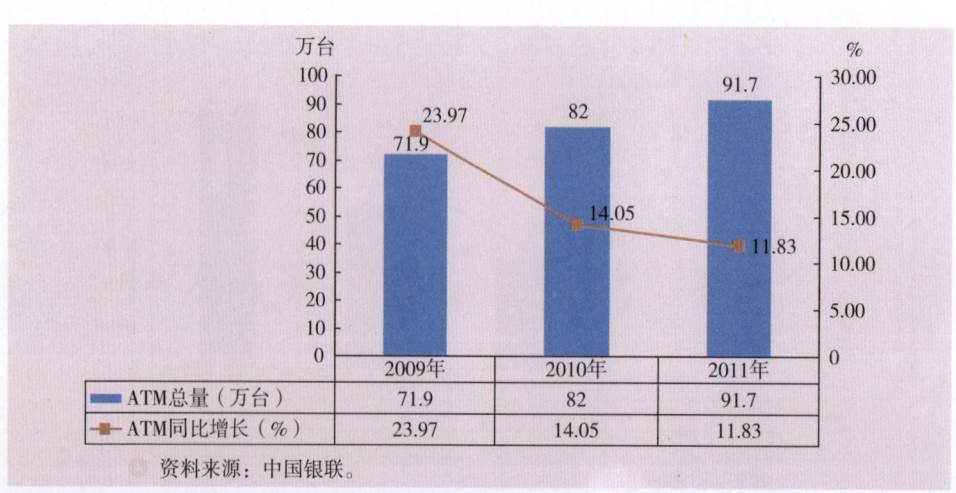

资料来源:中国银联。

| 图3-10 | 2009—2011年受理银联卡境外ATM总量及增速

从受理银联卡境外ATM总量的增长情况看,受理银联卡境外ATM总量在亚太非地区、欧洲地区、美加地区分别增长27%、7%、3%(见图3-11)。

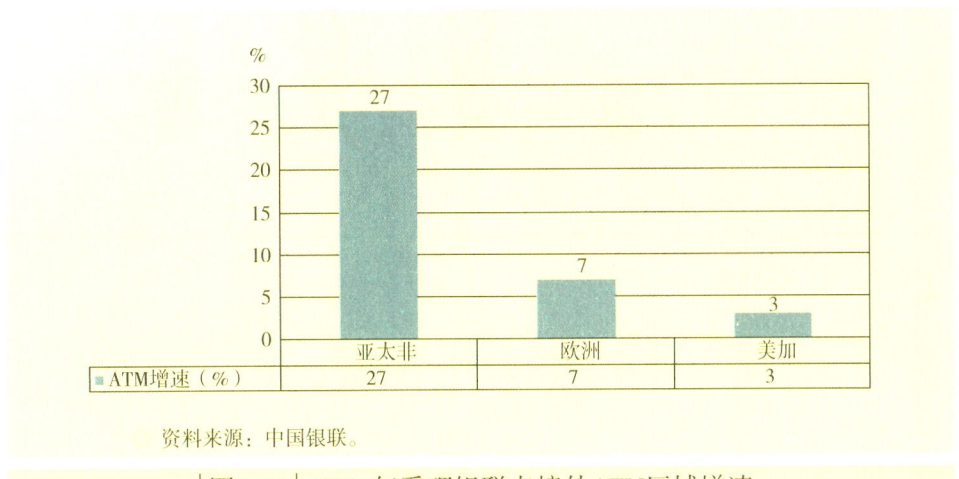

资料来源:中国银联。

|图3-11| 2011年受理银联卡境外ATM区域增速

五、世界主要卡品牌受理情况比较

截至2011年末,中国银联在境内外受理商户总数为1 030万户。[1]同期,Visa全球受理商户数为3 000万户、万事达为3 000万户、JCB为2 000万户。与国际信用卡收单机构相比,银联境外受理商户的规模拓展前景十分广阔。

截至2011年末,中国银联在境内外受理银联卡ATM终端总数为127.5万台。同期,Visa全球拥有ATM终端总数为200万台、万事达为180万台、JCB为100万台(见图3-12)。

---

[1] 包括境外非凭密商户。

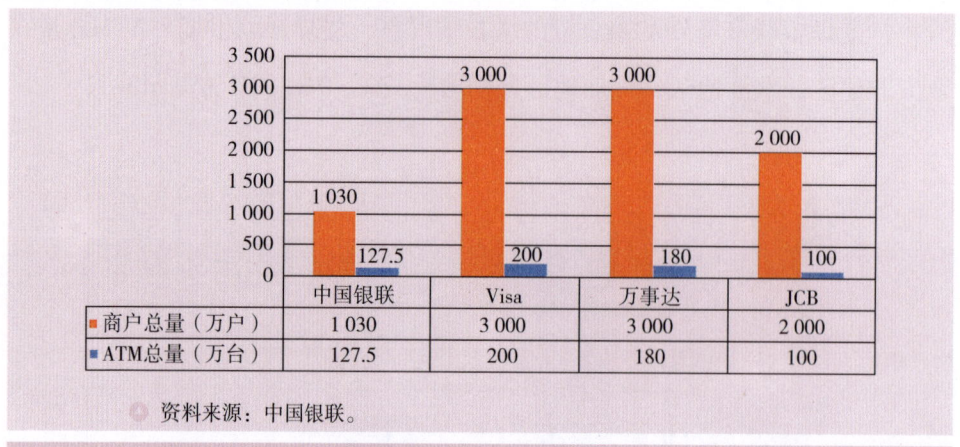

资料来源：中国银联。

|图3-12| 2011年世界主要卡品牌受理情况量化比较

第四章

2011年我国信用卡风险状况

2011年，我国银行业不断加强信用卡风险管理，风险管控水平得到整体提升。由于信用卡业务规模的快速增长，未偿信贷余额、逾期半年未偿信贷总额、延滞账户透支余额均有所增长，但同期信用风险延滞率和损失率有较大幅度的下降；信用卡虚假申请欺诈风险维持稳定下降趋势，欺诈损失率已连续三年下降。

第一节 信贷规模及信用风险

一、未偿信贷余额[1]

截至2011年末，未偿信贷余额8 129.56亿元，比上年增长81.00%（见图4-1）。

---

[1] 未偿信贷余额：指报告期末各类型信用卡的透支余额，包括已滚入本金的利息、费用等。

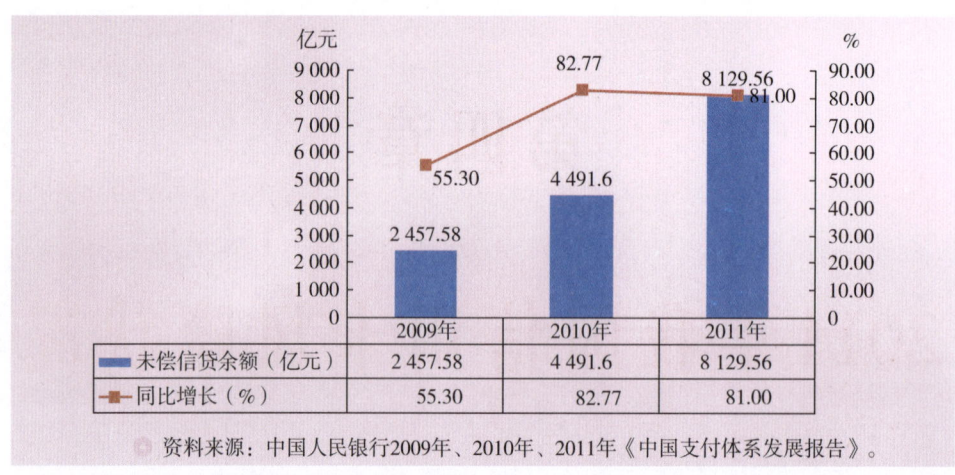

| 图4-1 | 2009—2011年国内信用卡未偿信贷余额及同比增长

二、逾期半年未偿信贷总额[①]

2011年逾期半年未偿信贷总额为110.31亿元，较2010年末增加33.42亿元，比上年增长43.5%（见图4-2）。逾期半年未偿信贷增长幅度小于未偿信贷总额增长幅度，信贷资产质量总体良好。

| 图4-2 | 2009—2011年逾期半年未偿信贷总额及同比增长

---

① 逾期半年未偿信贷总额：各类型信用卡的逾期（透支）超过180天以上和逾期虽未超过180天但已确定无法收回（如破产、失踪、死亡等）账户的累计透支余额。

三、延滞账户透支余额[1]

截至2011年末,境内各发卡行的信用卡延滞账户余额总计24.12亿元人民币,比上年增加8.13亿元,增长50.84%(见图4-3)。

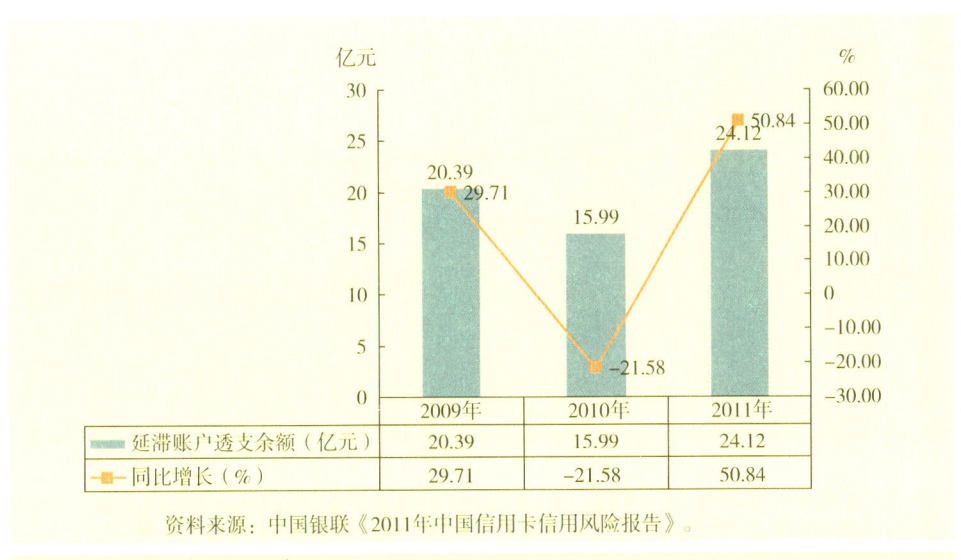

资料来源:中国银联《2011年中国信用卡信用风险报告》。

| 图4-3 | 2009—2011年信用卡延滞账户透支情况

四、信用风险延滞率和损失率

2011年末,信用卡延滞率[2]为0.33%,比上年下降15.38%;当前损失率[3]为0.47%,比上年下降38.16%(见图4-4)。

---

[1] 延滞账户透支余额:报告期末各类型信用卡的逾期(透支)91-180天账户的透支余额。
[2] 延滞率=延滞账户的透支余额(应收账款余额)/M$_0$至M$_6$账户透支余额(应收账款余额)×100%
[3] 当前损失率=本季度末的当年新增损失余额/本季度末(M$_0$至M$_6$及当年新增M$_7$以上)账户当年平均透支余额×100%

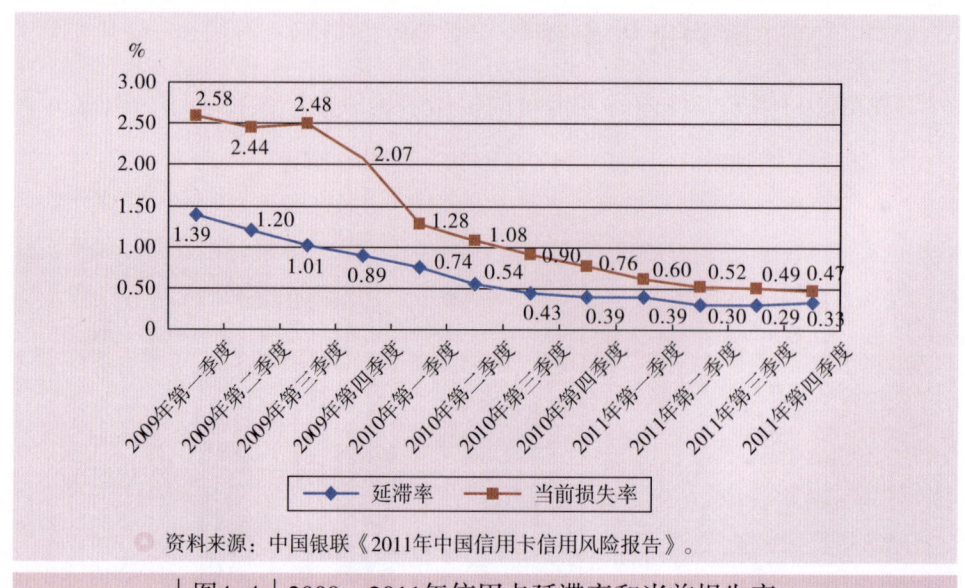

图4-4 2009—2011年信用卡延滞率和当前损失率

第二节 信用卡欺诈风险

一、欺诈损失金额[①]

2011年，信用卡欺诈损失金额为14 826.88万元，较上年增长25.78%；信用卡欺诈损失率[②]为0.33BP[③]，比上年下降0.05BP。自2009年起，信用卡欺诈损失率已连续三年下降（见图4-5）。

[①] 欺诈损失金额：报告期内发卡端发生的实际欺诈损失合计金额，包括由发卡行承担的损失部分、由持卡人承担的损失部分以及通过保险转移的损失部分。
[②] 信用卡欺诈损失率=10 000×信用卡欺诈损失金额/信用卡交易金额。
[③] 1BP为万分之一。

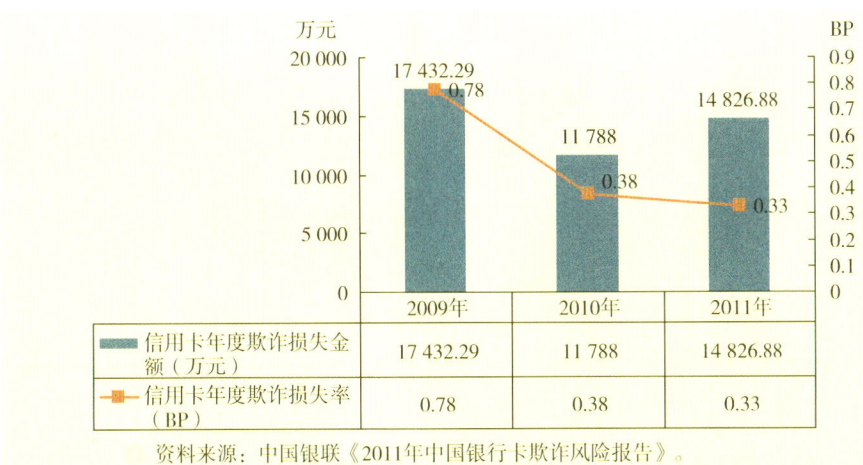

资料来源:中国银联《2011年中国银行卡欺诈风险报告》。

| 图4-5 | 2009—2011年信用卡欺诈损失金额和损失率

二、欺诈损失分布

从欺诈类型来看,排名前五位的为伪卡[1]、虚假申请[2]、失窃卡[3]、互联网欺诈[4]和未达卡[5]。与2010年相比,虚假申请欺诈风险维持稳定下降趋势(见图4-6)。

---

[1] 伪卡:指非法使用信用卡磁条信息伪造真实有效的信用卡,或通过改造失失卡、被窃卡、未达卡、过期卡的表面凸印(含全息防伪标识)信息或重新写磁后进行的欺诈行为。伪卡欺诈包括伪造卡、变造卡、白卡欺诈。
[2] 虚假申请:指使用虚假身份或冒用他人身份获取信用卡进行欺诈交易,又可分为虚假身份申请和虚假资料申请两类。
[3] 失窃卡:指冒用或盗用持卡人的信用卡进行欺诈交易,包括失失卡和被盗卡。
[4] 互联网欺诈:属于"非面对面欺诈"的一种,欺诈分子窃取卡片主账号、PIN、有效期等账户信息进行冒用,通过互联网进行欺诈转账或者消费,窃取卡内资金。
[5] 未达卡:指截取发卡、支付过程中的信用卡并进行欺诈交易。

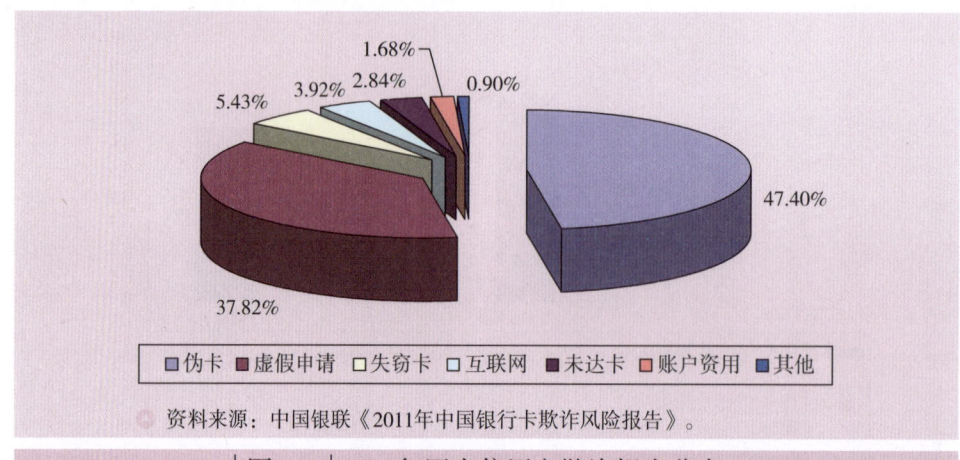

资料来源：中国银联《2011年中国银行卡欺诈风险报告》。

图4-6 2011年国内信用卡欺诈损失分布

（一）伪卡欺诈损失

2011年境内伪卡欺诈损失金额为7 027.91万元，其中境内发生的伪卡损失为4 205.06万元，伪卡损失占比为47.40%（见图4-7）。

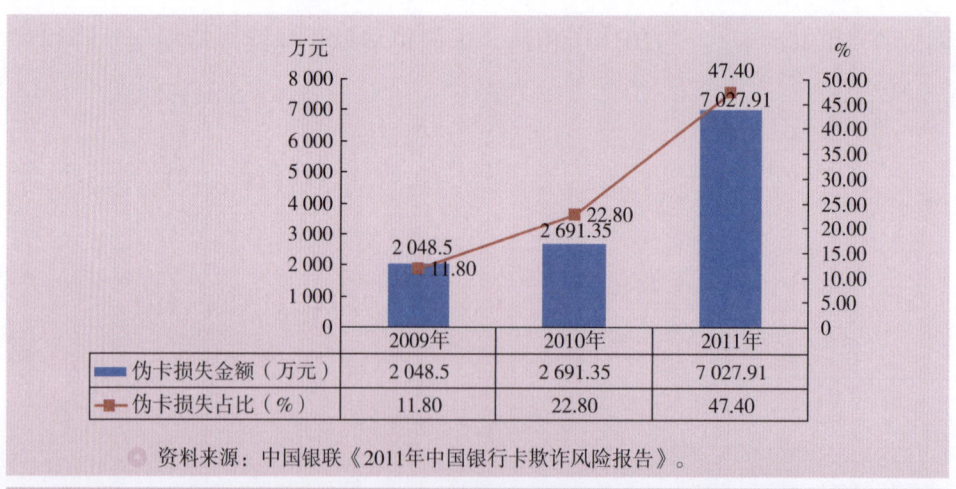

资料来源：中国银联《2011年中国银行卡欺诈风险报告》。

图4-7 2009—2011年信用卡伪卡欺诈损失金额及占比

（二）虚假申请欺诈损失

2011年，虚假申请损失金额为5 606.53万元，比上年下降20.95%，虚假申请损失占比为37.80%，比上年下降37.21%（见图4-8）。

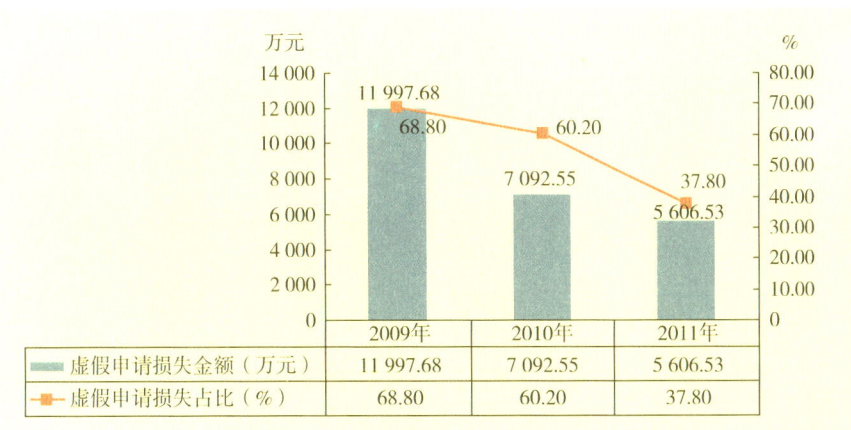

资料来源：中国银联《2011年中国银行卡欺诈风险报告》。

| 图4-8 | 2009—2011年信用卡虚假申请欺诈损失金额及占比

（三）互联网欺诈损失

2011年，互联网欺诈损失金额为581.17万元，互联网欺诈损失占比为3.90%（见图4-9）。

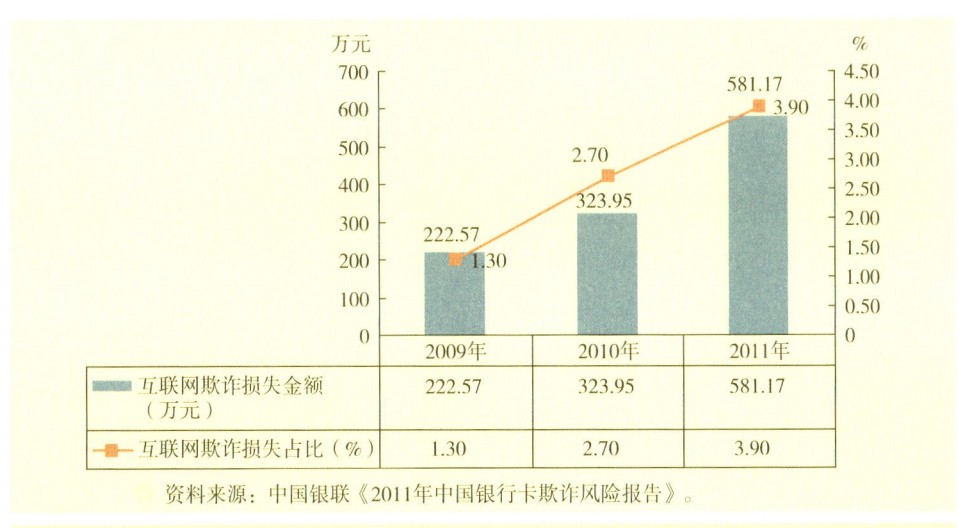

资料来源：中国银联《2011年中国银行卡欺诈风险报告》。

| 图4-9 | 2009—2011年信用卡非面对面欺诈损失金额及占比

（四）信用卡套现交易

2011年信用卡套现交易金额为32.96亿元。套现率为9.67BP，比上年下降

13.27%（见图4-10）。

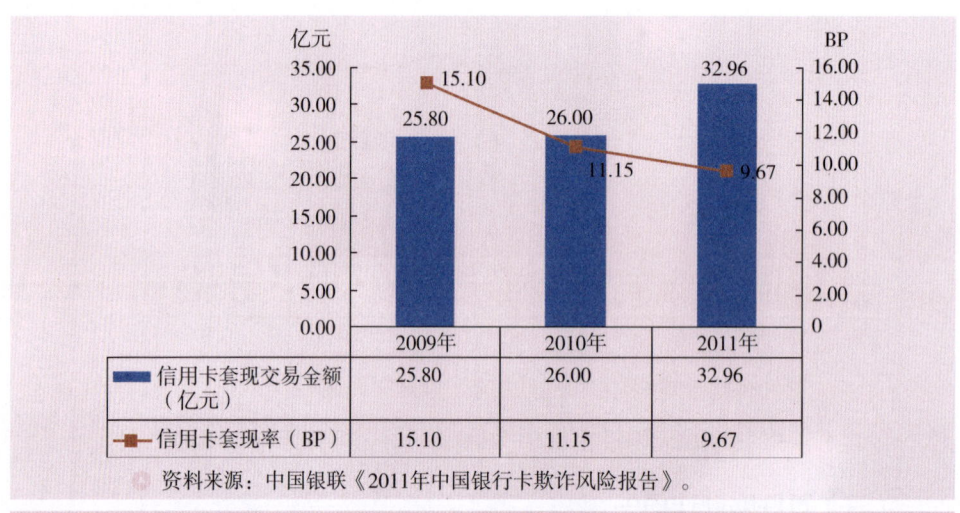

资料来源：中国银联《2011年中国银行卡欺诈风险报告》。

|图4-10| 2009—2011年信用卡套现交易金额及套现率

第五章

2011年我国信用卡产品及服务状况

2011年，中国信用卡市场继续向精细化方向发展。各发卡行一方面立足本行实际，主推具有本行特色的品牌产品，另一方面针对持卡人用卡更加理性、成熟的特点，服务需求更加多样化、个性化的趋势，进一步细分市场，以多元化的产品服务持卡人。各发卡行更加注重创新，以市场为导向，以客户为中心，不断开发新产品、推出新服务。

第一节 信用卡主推品牌产品及服务

2011年，各主要发卡行主推品牌产品如表5-1所示。

表5-1 各行主推品牌产品及简介

银行	品牌产品	产品简介
中国工商银行	牡丹逸贷卡	为充分利用优质代发工资客户资源而创新的"信用卡+消费信贷"产品经营模式，开展面向大众、连接商户、直接消费、实行基准利率的信用卡小额消费贷款业务，发挥"客户广泛、方便快捷、风险可控、费用合理"的产品优势，开拓了行业消费信贷市场发展新领域。

续表

银行	品牌产品	产品简介
中国农业银行	金穗喜羊羊与灰太狼联名卡	金穗喜羊羊与灰太狼联名卡：四款精美卡面、积分可兑换"喜羊羊与灰太狼"周边产品及Fans优惠兑换礼遇，持卡人可享受挂失前72小时失卡保障。
中国银行	长城环球通卡	长城环球通卡：人民币通全球，简单更节约，真正实现一卡在手，环球通行；借贷合一，使用随心，中行服务，全球畅享。
中国建设银行	卓越信用卡	国内首创为中小企业量身打造的卓越信用卡，同时满足中小企业对于品牌展示、财务管理、商务差旅的需求和企业员工对于消费金融服务的需求，促进中小企业发展，为卓越企业员工服务。
交通银行	交行太平洋乐购卡	交通银行携手Tesco乐购，呈现全新的交通银行Tesco乐购信用卡。
中信银行	银联白金卡	"五星"健康服务；白金"十项"礼遇服务。
华夏银行	华夏白金卡	针对目标客户，推出六重安全保障、卓越理财服务等特色功能。主要包括挂失120小时失卡保障、国际交易漫游、最低5%还款比例、灵活分期、账单分期、易达金等各项主打功能，同时对PLUS CLUB会员提供法律咨询、贵宾医疗预约、特惠积分兑换等优享服务。
广发银行	广发携程联名卡	广发携程联名卡是广发银行股份有限公司与携程计算机技术（上海）有限公司共同推出的联名信用卡，该卡专门为商旅人士设计，两卡合一双向累计携程积分、赠送旅行意外险、每月一笔异地取现免手续费优惠等都是卡片的特殊功能，以满足商旅人士的用卡需求。
深圳发展银行	深发展平安人寿联名信用卡	可选积分，超值优惠；居家出行，双重保险；环保材质，绿色消费。
中国光大银行	福信用卡	专门针对福卡客户的"5年5百万"、"福卡卡友晒幸福"等大型品牌活动，提升福卡客户的专属体验。
招商银行	招行YOUNG卡青年版	招行YOUNG卡青年版：每自然月第一笔取现免手续费、生日月双倍积分、每6个月或额度提升机会、网络支付便捷。
上海浦东发展银行	加速积分卡	加速积分卡：加油刷卡，超市刷卡，最高5倍积分；生日当天刷卡，额外5倍积分；其他合格消费，取现最高1.5倍积分；更快积分，更快兑换心仪的礼品。
兴业银行	兴业淘宝卡联名卡	兴业淘宝联名信用卡涵盖"信用卡在线申请、信用卡快捷支付、网上支付计积分、积分快捷支付、信用卡账单在线查、支付宝在线还款"六项功能，客户从申请、使用到还款，可全程通过网络操作。
中国民生银行	民生银行in卡	2011年亮点卡片，5年有效期内免年费；民生银行ATM自助设备或者柜台支取现金免手续费；周一到周日天天都有优惠，优惠商户包括星巴克、必胜客以及几大网购网站。

续表

银行	品牌产品	产品简介
中国邮政储蓄银行	中国邮政储蓄信用金卡	中国邮储金卡具备机票酒店预定、积分兑换、48小时失卡保障、免费交易提醒、生日双倍积分、网上支付、高比例预借现金、尊享VIP服务、电子彩信账单等多项增值功能。
北京银行	北京卡	北京卡是北京银行与北京文化发展基金会共同发行的以北京为主题的信用卡,更倾力打造公用事业缴费功能。
上海银行	白金卡	凝聚各类高端增值服务,诸如:高尔夫尊享、贵宾医疗、道路救援、机场贵宾和800万元旅行保障服务等。24小时白金贵宾服务专线,更为持卡人打造优质、个性化的尊贵服务。
南京银行	梅花信用卡	梅花信用卡:信用额度高,有免息还款期,还款方式多样,首年免年费,次年及以后年度只要持卡人上年有消费记录,即可豁免当年年费。
平安银行	平安白金信用卡	平安白金信用卡:延续平安信用卡安全好用的理念,为客户提供卡片丢失前72小时失卡保障功能和时时消费短信提醒服务,让客户用卡更安心。

各行主推品牌产品的共同特点有:

1. 树立鲜明的品牌形象。品牌形象体现的是产品的核心价值。如工行牡丹中油信用卡、广发聪明卡、民生女人花欧珀莱联名卡、民生in卡、建行卓越信用卡、中行长城环球通信用卡、深发展靓房卡等,坚持创造客户价值,为目标客户提供超值服务。

2. 有效拓展延伸服务。在信用卡产业发展初期,发卡银行主要在提高基本服务质量上下工夫,如提高ATM通存通兑的便利性,增加POS机联网的范围,完善开销户、授权、挂失、补卡等服务。现在发卡银行已转向增加信用卡附加服务,如招行YOUNG卡青年版、中信天女卡、民生in卡等附带购物保障、旅游保险、医疗紧急支援、优先订票及诸多商户的打折优惠等。

3. 以市场为导向进行产品研发。发卡银行针对持卡人年龄、职业、收入、爱好等特点进行市场细分,推出具有特殊服务功能的卡种来赢得消费者,占领市场,如深发展靓房卡、交行太平洋乐购卡、北京卡、金穗喜羊羊与灰太狼联名卡、兴业淘宝联名卡等,这些产品创新都能更加具体地满足市场中消费者的特定需求。

第二节 信用卡创新产品及服务

2011年，各主要发卡行创新产品如表5-2所示。

表5-2 各行2011年创新产品及服务一览表

银行	新推产品数量	创新产品	创新特点
中国工商银行	4	工银东航联名卡	持卡人通过东航官方网站或客服热线持卡购买东航机票可享受票价额外下浮5%的优惠。申办时无须客户提供东方万里行会员信息，该会员信息将统一由东航反馈。简化填表项，申办更方便。
中国农业银行	8	张家界旅游卡	国内首张符合PBOC 2.0标准的旅游主题类金融IC卡，设有小额支付账户，具备快速支付功能，具有会员管理功能，实现资源共享，缤纷优惠商户活动，双重积分功能，消费时同时累计农行以及合作方会员积分。
中国银行	32	长城白金卡	长城白金卡是符合银联PBOC标准的磁条与芯片的复合卡，芯片上同时具备贷记应用及电子现金[①]应用。该款产品集合了长城环球通卡的功能优势，为客户提供多种功能与服务选择，客户享受多重安全保障、银联全球商户尊尚服务等尊贵礼遇。
中国建设银行	59	世界旅行信用卡	建行联合携程面向有国内外商务出差、度假旅游和出国留学需求的中高端客户发行的特色产品，为持卡人专设"旅行基金"奖励及多项携程优惠，还可享受建行与携程双重积分回馈。
交通银行		交行信用卡"积分乐园"	全国首家积分消费网上"百货店"。持卡人可以根据自己的需求，自由选择以积分、现金或积分加现金的形式兑换所需商品。
中信银行	6	中信汇添富现金宝联名信用卡	全国首张具备现金增值功能的CTE[②]信用卡，整合了汇添富的现金宝理财功能与信用卡生活服务两大资源。持卡人可免费开通现金宝CTE还款功能，将多家银行的银行卡不使用的闲钱充值到现金宝进行信用卡还款。

① 电子现金是一种以数据形式流通的货币。它把现金数值转换成为一系列的加密序列数，通过这些序列数来表示现实中各种金额的币值。

② CTE是Customer Terminal Equipment、Coefficient of Thermal Expansion和Children of the Earth 等的缩写形式，Customer Terminal Equipment主要是指用户终端设备，即计算机显示终端，是计算机系统的输入、输出设备。

续表

银行	新推产品数量	创新产品	创新特点
华夏银行		SMART信用卡	分为女性卡和男性卡。目标客户群为在大中城市生活的,具有独自生活能力和固定收入来源的年轻人。SMART信用卡拥有六大专享特权。
广发银行	5	广发真情卡	国内首张女性专属信用卡,透明卡版设计,倡导"独立、从容、聪明、率性"的女性生活理念。广发真情俱乐部:将所有真情卡客户按消费特点细分为金钻、银钻、粉钻三个会员群体,联合多家国际知名品牌为俱乐部会员提供众多专属礼遇与优惠,从衣、食、住、行等各方面关怀持卡人。
深圳发展银行	6	1.深发展平安人寿联名信用卡 2.深发展i车信用卡	1.深发展平安人寿联名信用卡:这款信用卡产品充分整合了银行及保险的资源,将保险与信用卡两者的功能有机结合起来。 2.深发展i车信用卡:深发展联合平安产险共同发行单币深发展i车信用卡。该卡提供加油双倍积分、加油奖励金、道路救援等车辆服务。
中国光大银行	20	阳光存贷合一尊尚卡	阳光存贷合一尊尚卡,丰富了高端信用卡产品结构,并根据客户定位,为此卡提供了多项专属增值服务,如特色体检服务、健康洁牙服务、中医养生服务等,更好地满足了高端人群定制化、个性化的需求。
招商银行	7	"出行易——我们'赔'你等"延误关怀服务	招行信用卡"出行易——我们'赔'你等"项目是针对在商旅平台预订机票的客户开展的特色服务,客户在活动期间内,通过商旅平台预订并完成出票的航程,即可享受以航班落地时间为准,"延误2小时,主动赔付200元"的尊享礼遇。
上海浦东发展银行	5	中国移动·浦发银行借贷合一联名卡	国内首张符合PBOC 2.0标准的集"电子现金小额支付功能"、"信用卡消费功能"、"借记卡理财功能"三合一的全新金融产品,也是首款在全国范围内实现手机现场支付的联名卡产品,融合了电子现金支付、借贷合一双磁条卡片、远程快速授信等诸多创新功能。
兴业银行	7	1.淘宝网联名信用卡 2.兴业通信用卡	1.淘宝网联名信用卡(服务:快捷支付、在线账单查询、淘宝大贷交易赠积分); 2.兴业通信用卡(服务:自动分期功能)。
中国民生银行	2	1.通宝分期卡 2.in卡	1.通宝分期卡,继白金理财卡之后,为缓解中小企业的资金压力,专门推出的卡片。额度最高为50万元,循环使用授信。每年只需300元年费,为同级别卡片中年费最低的。 2.in卡5年有效期内免年费;民生银行ATM自助设备或者柜台支取现金免手续费;周一到周日天天都有优惠,优惠商户包括星巴克、必胜客以及几大网购网站。

续表

银行	新推产品数量	创新产品	创新特点
中国邮政储蓄银行	2	游中国旅游卡（海南版面及西藏版面）	游中国旅游卡（海南版面及西藏版面）：享受西藏、海南两地的特惠商户服务、商旅预订优惠服务、租车服务、海南当地高尔夫优惠预订服务、西藏地区SOS救援服务等多种增值服务。
北京银行	6	1.时尚西城卡 2.品质海淀卡	1.时尚西城卡是北京银行与北京市西城区政府携手西城区多家优质大型百货商场联合打造的一款西城区主题特色信用卡。 2.品质海淀卡是北京银行与北京市海淀区政府携手海淀区多家知名商业企业联合打造的一款以时尚购物为特色的海淀区主题信用卡。
上海银行	6	1.宠耀白金卡 2.鹏城卡	1.宠耀白金卡是上海银行"申"情宠爱卡的升级产品，旨在为高端女性提供全方位、高品质的增值服务，满足女性消费者追求家庭、健康、理财的诉求。提供包含家庭司机、健康医疗、机场贵宾通道等增值服务。 2.鹏城卡由上海银行与深圳市深圳通公司合作发行的上海银行首张磁条、芯片双介质卡片，具备"深圳通"卡所有功能，可在深圳市区域内设有"深圳通"标识的地铁、公交、出租车等公交工具及便利店、社区超市等小额消费商铺内使用。
南京银行	7	1.白金卡 2.贵宾卡	1.白金卡是对南京银行个人高端客户发行的高综合授信额度、高附加值的信用卡，具有信用消费、存取现金、转账结算、免息分期等功能。 2.贵宾卡是对南京银行个人中端客户及小企业高管发行的，满足其综合理财需要，具有信用消费、存取现金、转账结算、免息分期等功能。
平安银行	1	平安i车信用卡	平安银行i车信用卡是平安银行和平安产险合作发行的首张信用卡，产品充分发挥平安保险集团优势，融合产险汽车保险服务和信用卡汽车金融服务，为客户提供全面的用车礼遇。

发卡行更加注重创新，以市场为导向，以客户为中心，不断开发新产品，推出新服务。2011年，中国各大银行共发行信用卡产品956款，其中创新产品253款，占比26.5%。[①]

[①] 资料来源：同业调研。

一、卡种创新

2011年，各发卡行在信用卡新产品的研发上不断创新。为了更好地优化客户结构，发卡行在产品上更加偏向高端客户群，推出钛金卡、白金卡、钻石卡、无限卡、世界卡等产品。例如，银联携手工商银行、建设银行、浦发银行、中信银行、民生银行等银行推出了尊尚白金卡，工商银行联合美国运通公司推出国内首张运通品牌高端信用卡"工银运通白金信用卡"；中国银行推出了国内首张针对私人银行客户发行的高端信用卡"长城美国运通信用卡"；中信银行与东航联手发行针对高端商务人士的中信东航VISA无限联名信用卡；招商银行与腾讯网合作推出了腾讯游戏招行卡，与人人网合作推出了人人卡，为年轻客户群提供了更多样化的选择。

随着消费者的日渐成熟与理性，信用卡产品的功能性与实用性越来越成为关注的焦点。联名信用卡与主题信用卡由于拥有更加实用的优惠权益与特色功能，受到了市场的普遍欢迎。如淘宝网在2011年与工商银行、中国银行、广发银行和兴业银行合作推出了淘宝灵通卡、淘宝校园卡、广发淘宝信用卡和兴业淘宝信用卡，为热衷网购的持卡人提供更加便捷的网上支付服务。中国银联与各大发卡行合作推出的深圳创意旅游主题信用卡，不仅提供了深圳旅游、娱乐、餐饮等热门商户的消费优惠，还整合了"深圳通"的公交功能。

二、技术创新

随着金融领域科技水平的不断发展，银行网点在现代金融行业竞争中的作用有所下降，很多银行都日益重视采用先进的技术和设备，以准确、及时、全面作为服务的重心，给予持卡人最大的方便。

2011年，中国银行、中国建设银行、上海浦东发展银行、东亚银行都推出了符合PBOC 2.0标准的IC信用卡。如浦发银行与中国移动合作发行的中国移动·浦发银行借贷合一联名卡,是集"电子现金小额支付功能"、"信用卡消费功能"、"借记卡理财功能"的全新金融产品,中国工商银行也推出了手机银行卡。

此外,针对电子商务热潮,中国银联携手各家银行大力推行无卡支付业务,非金融支付机构也与发卡银行合作推出了快捷支付业务,深受消费者的欢迎。手机应用则是另一个市场热点,招商银行、民生银行、浦发银行、中信银行等众多发卡行都推出了手机银行或手机客户端服务,成为传统渠道和网络渠道的有力补充。

三、营销创新

为了更好地满足消费者的多样化需求,各发卡行除了推出各具特色的信用卡产品外,还推出了有针对性的营销活动。

除了常规的刷卡送礼、折扣优惠等市场活动外,各发卡行不断推出新举措。招商银行、交通银行、建设银行等与商户合作,在传统的积分兑换礼品服务上开创直接积分兑换消费的平台。主题整合营销代替之前分散的市场活动,在试图给消费者带来更大冲击力的同时,树立品牌形象。如民生银行结合in卡的发行,联合网络媒体推出民生in卡代言人的选秀活动;招商信用卡的"倍积分"、"非常旅游系列"都已为持卡人所熟知;交通银行的"最红星期五"与"给幸福加分"、广发信用卡的"广发乐赏日"、浦发信用卡的"优越生活年赏"、华夏信用卡的"惊喜礼遇"等,不仅给持卡人带来了更多的实惠,也有效地提升了客户的忠诚度。

随着国内私人汽车保有量的不断攀升,车主信用卡以及针对车主的营销活动受到追捧。交通银行、招商银行、浦发银行、平安银行推出了加油积分翻倍、折扣优惠、加油返现等优惠活动,为持卡人提供包括购车、加油、养车、车险等全方位的服务。

四、服务创新

2011年,不少发卡行继续加大信用卡增值服务的创新。如建设银行的"世界旅行信用卡"设立了"旅行基金"奖励服务,招商银行推出了"出行易——我们'赔'你等"延误关怀服务。不少银行还将信用卡产品与其他理财服务进行捆绑,如深圳发展银行推出了与平安人寿联名的信用卡产品,实现了信用卡与寿险功能的结合。中信银行推出的中信汇添富现金宝联名信用卡则是全国首张具备现金增值功能的CTE信用卡,实现了货币市场基金对信用卡消费支付功能的创新。

五、还款渠道创新

信用卡种类丰富多彩,还款方式也在不断创新,为持卡人提供了更多便利。如自动转账还款、网银还款、拉卡拉还款、ATM跨行转存还款、电话还款等方式,为持卡人省时省力地提供多样化的还款服务。

自动转账还款。将信用卡与借记卡绑定,申请关联账户自动转账还款,只要保证扣款日借记卡中有足够余额,就可以实现自动还款。

网银还款。需要持卡人开通签约版专业网上银行,以转账的方式归还信用卡欠款。

拉卡拉还款。拉卡拉公司目前已与超过20家银行合作,"拉卡拉便利支付点"在国内的数量已经超过50 000个,覆盖了200多个城市,在沃尔玛、国美、快客、物美、乐购等知名品牌的大卖场,或24小时连锁便利店都有布设。

第六章

我国信用卡产业支付服务价格

目前我国信用卡刷卡手续费执行的是2004年中国人民银行颁布的《中国人民银行批复〈中国银联入网机构银行卡跨行交易收益分配办法〉》的规定。近些年,信用卡收单市场环境已经发生很大变化,整体服务价格水平相对偏低、互联网支付定价缺少统一规则等问题比较突出,需要对现有定价机制进行结构性调整,规范互联网支付定价机制,出台对特定商户信用卡产业的财政补贴和税收优惠政策,发挥行业协会自律管理的作用。

第一节 我国信用卡支付服务价格现状

一、线下信用卡收单服务价格现状

(一)商户手续费采取政府指导价和市场调节价相结合

目前我国信用卡跨行交易的商户手续费执行《中国人民银行批复〈中国银联入网机构银行卡跨行交易收益分配办法〉》的规定。POS机跨行交易商户手续费的分配涉及发卡行、提供POS机具和完成对商户资金结算的收单机构(统称收单方),以及提供跨行信息转接的中国银联。POS机跨行交易的商户手续费收益分配，采用固定发卡行收益和银联网络服务费方式，收单银行在发卡行和银联固定收益的基础上，与商户按照市场经济原则协商确定刷卡手续费的最终定价。即每笔商户手续费，发卡行、银联和收单行按照7∶1∶X的比例进行分配。该办法通过调整信用卡产业内部的分润结构，一方面在"统一定价"和"市场定价"之间寻求平衡，另一方面也赋予了收单业务市场化的定价机制，具有一定的合理性。

（二）商户手续费实行差别定价

商户手续费按照行业类型实行差别定价，主要包括宾馆娱乐类、房产批发类、超市加油类、医院学校公益类和一般商户类等。由于商户手续费的差异化定价，不同行业须承担的商户手续费不同，即对宾馆、餐饮、娱乐、珠宝金饰、工艺美术品类的商户，发卡行的固定收益为交易金额的1.4%，银联网络服务费标准为交易金额的0.2%；对一般类型的商户，发卡行的固定收益为交易金额的0.7%，银联网络服务费的标准为交易金额的0.1%。

在一般类商户收费的基础上，对以下几类特殊行业或商户，通过降低发卡行收益比例和银联网络服务费标准的方式予以适当优惠：对房地产、汽车销售类商户，发卡行固定收益及银联网络服务费比照一般类型商户的办法和标准收取，但发卡行收益每笔最高不超过40元，银联网络服务费最高不超过5元；对批发类的商户，发卡行固定收益及银联网络服务费比照一般类型商户的办法和标准收取，但发卡行收益每笔最高不超过16元，银联网络服务费最高不超过2元；对航空售票、加油、超市等类型的商户，发卡行固定收益及银联网络服务费比照一般类型商户减半收取，即发卡行的固定收益为交易金额的0.35%，银联网络服务费标准为交易金额的0.05%；对公立医院和公立学校，发卡行和银联暂不参与收益分配。这种差别定价对行业利润产生了一定的影响，引发了一些关于调整刷卡手续费的诉求。同时差异化定价也产生了套用商户编码的情况。

国家发展和改革委员会、中国人民银行、中国银行业监督管理委员会等部委已经就银行卡收单手续费定价问题向有关机构开展调研，拟对现有收单手续费定价体系进行调整完善。

二、互联网支付收单服务价格现状

随着支付手段的多样化发展，新业务、新终端、新渠道、新交易类型层出不穷，支付终端逐渐从POS机扩展到网络、电话、手机、机顶盒等新型终端。网上支付业务的迅猛发展带动了非金融机构和非金融支付平台的产生和快速发展。

对于互联网支付业务，不同于线下银联的"联网联合、联网通用"，各家非金融支付企业一般都是自行和多家银行谈判建立网络平台，信用卡消费通过非金融支付平台进行转接。互联网支付收单价格由非金融支付机构与商业银行和商户协商确定，目前尚无统一的收益分配标准。部分非金融机构采用免费、低价策略发展市场，线上收单价格普遍低于线下普通刷卡手续费。

第二节 信用卡支付服务定价存在的问题

一、价格水平相对偏低，不能覆盖成本

（一）价格水平相对偏低

目前，我国90%以上的收单商户手续费水平在1%以下。而港台、欧美等区域的商户手续费平均水平一般保持在2%以上。对于收单机构向发卡行支付的有效交换费率，Visa网络亚太区和中欧、东欧、中东及非洲地区交易量前十名的国家（地区）基本上保持在1.30%左右，而我国平均结算手续费还不到0.5%，具体如表6-1所示。

表6-1　部分国家和地区有效交换费率[1]　　　　单位：%

国别	信用卡	国别	信用卡
日本	1.77	菲律宾	1.32
南非	1.66	乌克兰	1.31
印度尼西亚	1.65	埃及	1.24
新加坡	1.55	马来西亚	1.23
中国香港	1.43	阿曼	1.22
印度	1.40	新西兰	1.12
泰国	1.39	克罗地亚	1.10
阿拉伯联合酋长国	1.39	沙特阿拉伯	1.07
卡塔尔	1.38	塞尔维亚共和国	1.06
俄罗斯联邦	1.36	澳大利亚	0.58

（二）发卡行投入相对较高

信用卡发卡行为商户提供服务的成本，包括银行通过布放机具设备、建设维护通信网络的运营、风险成本，以及信用卡在免息期投入的资金成本。2011年，信用卡产业购买设备投入到POS机的金额约为37.3亿元。2011年末偿信贷余额为8 129.56亿元，2010年末偿信贷余额为4 491.6亿元，按2010年一年期同业加权平均拆借利率2.75%计算，整个信用卡产业在2011年仅资金成本约173.54亿元[2]，信用卡商户手续费收入难以覆盖为其提供服务的成本。

另外，根据中国人民银行关于推进金融IC卡应用工作的意见，为了提高我国银行卡的整体风险防控能力，进一步提升银行卡应用安全、社会功能拓展以及与国际支付体系融合，我国银行卡产业应加快银行卡芯片化进程，在

---

[1] 交换费指在信用卡刷卡消费中由收单银行向发卡银行支付消费交易的手续费及ATM跨行取现交易中由发卡行向收单行支付ATM取现交易的手续费。
[2] 资金成本=（未偿信贷余额的期初+期末）/2×拆借利率

"十二五"期间增量发行的银行卡以金融IC卡为主。而以上目标的实现离不开金融IC卡发行、受理、交易转接清算等各相关机构的巨额投入,涉及的投入规模以千亿元计。在目前的银行卡手续费价格体系下,对以上投入更难以平衡。

由于商户实际手续费的持续下降,我国收单业务无法收支自求平衡。过低的价格水平,已经对参与信用卡发卡和收单业务的金融机构产生负面影响,导致商业银行在经营战略上已不愿对收单市场持续投入资源,影响整个受理市场的持续发展,也减弱了对相关产业链的拉动作用。

二、行业价差大,增加管理成本,易引发银商矛盾

(一)行业价差大,容易引发MCC[①]套用,市场管理和规范的成本较高

在当前费率体系下,加油超市类商户费率是一般类商户的1/2,是宾馆餐饮类商户的1/4,此外,还存在封顶类商户和零费率商户。在收单市场竞争日趋激烈的情况下,费率差距过大导致收单机构套用MCC动力较强。监管机构、商业银行以及银联在MCC规范方面投入了大量的人力、物力,虽然取得一定成效,但仍难以从根本上杜绝套用现象。MCC套用问题仍将持续消耗产业大量资源。

2011年中国银行业协会在银行卡受理市场秩序规范工作中,共计整改收单市场中低扣率、零扣率违规商户35 068户,整改完成31 552户,整改完成率为89.97%。[②]

(二)零扣率和固定扣率易引发低成本套现

由于零扣率和固定扣率交易对于商户来说是零成本或极低成本的,这就

---

① MCC:银行卡在中国境内刷卡消费的特约商户的类别代码,由中国银联设置,各家POS商户拓展银行共同使用的分类编码。
② 资料来源:中国银行业协会。

给信用卡非法套现提供了便利条件。相关调查显示，国内多数地区套现中介收取持卡人的套现手续费率一般为0.5%左右。套现等非法金融活动主要集中在零扣率和固定扣率商户，这在客观上助长了商户不法经营之风，甚至有商户参与信用卡欺诈和代办活动，对信用卡产业的发展产生不良影响。

三、互联网支付定价缺少统一规则

近年来信用卡通过非金融支付机构转接支付模式下的价格体系还未形成。由于缺乏有效的政府价格指导，使大量非金融支付机构的收单业务定价游离于监管之外。非金融支付机构采用低价、免费等拓展市场的竞争策略，造成事实上的跨行交易价格双轨制。线上、线下业务的价格差，导致了线下业务套用线上渠道的违规现象日益严重，同时非金融支付机构多头连接银行，纷纷将跨行业务转本行，线下市场来之不易的规范发展的良好局面受到了较大冲击。部分非金融支付机构利用免费、低价策略拓宽市场，或以大量客户资源或对公存款"绑架"商业银行，迫使其接受极低的手续费率，导致整个产业价格混乱，影响信用卡产业的持续健康发展。

对于不同行业的信用卡收单业务，发卡行和收单机构面临的资金风险是不同的。目前互联网支付业务中，非金融支付机构未对商户进行具体分类，导致不同商户的互联网支付价格相同。同时，较低的收单价格易导致虚假交易和资金套现，给发卡银行和收单银行的风险管理增加难度。

第三节 信用卡支付服务定价建议

信用卡商户手续费定价涉及信用卡产业的各方利益，不仅影响商户和持卡人的支出，对整个信用卡产业发展的动力也产生深远的影响。目前信用卡支付手续费的定价体系不适应当前社会经济结构发生的变化和快速发展的市场需求，亟待优化和完善。信用卡产业要获得持续的发展，需要一个良好的利益形成和分配机制，以确保产业相关各方获得合理的收益。

一、对现有定价机制进行结构性调整

（一）科学测算信用卡商户手续费价格

信用卡商户手续费率应根据成本、市场需求、区域特征等因素来共同确定。信用卡产业支付服务价格定价应综合考虑商业银行风险和资金成本。建议坚持银行服务合理收费原则，科学地分析发卡行、收单机构、清算组织及商户等各方承担的风险和成本，建立科学、合理的信用卡服务定价机制。按照市场化的发展要求，由各收单机构与商户协商定价。通过调整收益分配比例来兼顾各方利益，以适应国内信用卡产业发展的现实状况。

（二）合理调整收单商户分类

由于不同的商户因刷卡结算所承载的服务成本、服务内涵、价格收入弹性及风险成本等综合成本不尽相同，有必要继续坚持按照商户进行分类定价。考虑到商户种类的发展变化非常快，建议结合市场发展现状，按照稳妥推进的原则，基于产品特征、商户规模和交易额对商户分类进行结构性调整，重新制定统一规范的行业代码标准并实施。在商户分类调整的基础上，建议对商户行业分类进一步细分，并在此基础上实行差别定价，为商户提供较为详尽的价格菜单，使商户可以根据其特定情况选择符合其自身利益的费率水平。同时，为缩小行业价差，平衡各方收益，避免MCC套用和商户套现，建议逐步规范零扣率和固定扣率商户，稳步推进完成手续费价格改革。

此外，相关部门须加大监管力度，努力携手构建和谐的信用卡产业发展环境。

二、规范互联网支付业务

目前互联网支付业务尚缺乏统一的行业标准。为避免不正当竞争及由此产生的潜在风险，建议由主管部门牵头制定互联网支付定价及收益分配标准，尽快出台相关政策法规，对现有线上收单业务进行规范。对于互联网支付交易，建议比照线下收单规则，对商户进行分类。手续费标准建议比照线下收单商户收费规则收取，但考虑到互联网商户的低运营成本，可在线下收单手续费率的基础上适当下浮。最合理的定价方案应促进市场的有效竞争，满足顾客差异化需求，反映信用卡交易服务成本的差异化。

三、出台专门的财政补贴、税收优惠政策扶持信用卡产业发展

2005年，中国人民银行等九部委联合下发的《中国人民银行 发展改革委 公安部 财政部 信息产业部 商务部 税务总局 银监会 外汇局关于促进银行卡产业发展的若干意见》中提出了"制定产业激励政策，加大产业扶持力度"的工作重点。建议政府相关部门出台相关财政税收政策，进行税收减免和返还，将信用卡产业节约的社会交易成本所创造的价值提供给参与各方共享，平衡各方利益，更好地促进信用卡产业发展。一是明确刷卡手续费税前抵扣，解决商户信用卡刷卡手续费重复征税问题；二是借鉴韩国、阿根廷等国家的先进经验，出台财税支持政策，将刷卡为国家节省的部分财政支出反哺商户，对商户刷卡完成的销售额实施税收优惠，并对信用卡交易通信收费进行优惠，以降低商户及产业的整体成本，鼓励刷卡消费，实现良性循环。

四、发挥行业协会自律管理作用

信用卡服务价格定价关系到发卡行、收单机构、银行卡组织、持卡人、商户等多方利益，定价是否合理影响着信用卡产业和其他相关产业的发展，所以定价主体要有足够的权威性，既可以反映各方利益，又可充分了解市场，并防止行业垄断，且有足够的能力科学合理地测算和制定手续费价格。

可借鉴国外经验，充分发挥行业协会市场自律作用，赋予行业协会一定的定价参与权，以相关各方均参加的听证会形式辅助决策。这样既可以避免市场参与者定价带来的市场垄断之嫌疑，又可以避免市场管理者单独定价带来的削弱定价市场化之倾向，从而为信用卡产业的健康发展提供制度保障。

第七章

我国信用卡产业互联网应用

2011年，随着移动互联网技术的成熟，国内移动通信网络已大面积覆盖，信用卡互联网远程移动支付的基础设施日趋完善，商业模式也逐渐成熟，互联网支付、无卡支付和手机支付等新兴支付方式迅猛发展。

第一节　我国信用卡产业互联网应用现状

一、信用卡互联网支付规模不断扩大

2011年，以网络购物为主的电子商务经营模式的高速发展，成为促进网上支付规模增长的最主要因素。由于互联网的深入普及、互联网用户以及互联网支付用户规模的持续扩大，为网上支付市场的快速发展奠定了基础。信用卡产业通过提供网银支付或者同非金融支付机构合作等方式，使得信用卡网上支付的规模不断扩大。2011年，中国网民总数达到5.13亿人，较2010年增长12%，互联网普及率持续攀升至38.3%，较2010年提高4个百分点。与此同时，使用网上支付的互联网用户比例也大幅度提高。2011年国内互联网支付用户规模达到1.67亿人，较2010年增长21.6%。互联网支付用户占总体互联网用户规模的33%，较2010年的30%进一步提高。

二、信用卡互联网创新支付方式不断涌现

随着移动互联网技术的高速发展以及消费者对支付体验要求的提高，更加安全便捷的信用卡互联网创新支付方式不断涌现，无卡支付已逐渐成为信用卡互联网支付发展的趋势。

2011年，支付宝等支付机构推出快捷支付业务，消费者需要关联相应的信用卡，付款时无须网银，只要输入支付宝支付密码和手机校验码即可轻松完成付款。支付宝还通过推出基于远程在线技术的无线支付方式——条码支付，正式进入线下支付市场。用户只需安装一个手机支付宝客户端，然后使用条形码功能生成条形码，商户使用条码枪或带有摄像头的手机进行扫描，即可完成收单。商家无须专用收款设备，用户无须携带现金或银行卡，输入绑定好的信用卡信息便可进行快捷支付。支付宝又进一步发布"悦享拍"产品，在启动该软件后，可拍摄二维码，利用绑定的信用卡快捷支付。

2011年6月，中国银联推出"银联在线支付"和"银联互联网手机支付"两项无卡支付业务。通过"银联在线支付"，消费者除了可以使用传统的网银外，还可以使用快捷支付（注册成为银联在线支付用户关联信用卡，只需输入用户名、登录密码、短信验证码即可完成支付）、认证支付（只需输入信用卡卡号、密码、卡片验证码①以及手机号码，通过银行认证即可完成支付）和小额支付（为持卡人提供的一种单笔不超过100元的便捷支付方式，付款时无须短信验证，只要输入信用卡卡号、密码、卡片验证码等即可完成支付）。

三、信用卡互联网支付市场主体呈多元化发展趋势

2010年，中国人民银行相继出台了《非金融机构支付服务管理办法》和

---

① 卡片验证码是泛指打印在信用卡签名区的一组数字的后3位数字。

《非金融机构支付服务管理办法实施细则》。2011年,共有101家非金融机构取得支付机构业务许可资质。其中,共有30家获批经营银行卡收单业务,占比29.70%,代表单位包括银联商务等;49家单位获批经营互联网支付业务,占比48.51%,代表企业包括支付宝和快钱等;27家单位获批经营移动电话支付业务,占比26.73%;11家单位获批经营固定电话支付业务,占比10.89%。

2011年非金融支付机构共收单清算2.03万亿元[1],占全年社会消费品零售总额的11.2%,以非金融支付机构为代表的电子支付越来越深入日常生活。随着网络技术的飞速发展,网络购物这一消费方式已被越来越多的消费者接受,非金融支付机构的市场占比也将继续攀升。

第二节 我国信用卡产业互联网应用存在的问题

一、信用卡产业对互联网的数据应用不够充分

信用卡微博营销、信用卡在线申请和激活业务、持卡人在信用卡网上商城购物、网银支付、快捷支付等过程都会产生大量数据,包括业务数据、客户和商户数据等。另外,互联网电子商务企业积累了大量中小微型企业的数据,这对于解决这些企业融资过程中的信息不对称问题有重要作用。然而,由于自身的局限以及外部竞争者的约束,信用卡产业未能对中小企业和自然人的数据资源达到充分挖掘、利用。

---

[1] 资料来源:易观智库《2011年中国第三方支付市场季度监测》。

二、无卡支付等创新业务给信用卡产业带来挑战

银行作为发卡方与非金融支付机构进行无卡支付业务合作，对其交易无法辨识具体的商户和商户类型，不利于实施交易监控和欺诈侦测。非金融支付机构提供的交易明细信息没有二级商户的识别编码，商户信息无法在账单中体现，容易引起持卡人拒付。非金融支付机构在商户拓展、审批和互联网支付定价中没有统一标准，对商户的准入审批和日常管理不够严格，容易出现假货销售、欺诈、洗钱和套现等风险。这些风险不利于信用卡互联网支付行业的健康发展。

第三节 加快信用卡互联网业务发展的对策

一、结合云计算技术和移动互联网技术，深入挖掘数据资源，增强互联网业务核心竞争力

信用卡产业要结合云计算技术和移动互联网技术，加强分析与应用自身系统中的客户消费行为数据以及来自非金融支付机构的海量消费者消费行为数据，进行新客户的定向开发与存量客户的精准营销，甚至可以通过API[①]与众多的数据增值业务开发者合作，从他们提供的一对一精准营销服务中，按照一定的比例分享数据使用权收入，从数据挖掘中获得低成本差异化的价值提升。

---

① API（Application Programming Interface，应用程序编程接口）是一些预先定义的函数，目的是提供应用程序与开发人员基于某软件或硬件的以访问一组例程的能力，而又无须访问源码，或理解内部工作机制的细节。

二、利用互联网业务平台，为中、小、微型企业提供专业化金融服务

信用卡发卡机构可以通过加强同互联网电子商务企业在数据资源和资金方面的战略合作，破解中、小、微型企业融资业务的成本制约和风险控制两大难题，从而将中、小、微型企业金融业务打造成为新的盈利增长点，增强信用卡业务核心竞争力。

互联网电子商务企业基于内部信用评价体系与信用数据库，记录了多年来电子商务平台上众多企业的资金流动、企业订单数量、销售增长、仓储周转、投诉情况等海量数据信息以及企业主的个人信用和社会关系信息，信用卡产业可以充分利用这种网络化信用信息，筛选出信用良好的中、小、微型企业，建立基于"链（供应链、销售链）、圈（商贸集聚圈和制造集聚圈）、群（市场、商会、园区集群）"的客户开发和风险控制模式，为中、小、微型企业提供自助便捷的经营性融资服务和其他金融服务，使信用卡成为中、小、微型企业金融服务的平台。浙江泰隆银行以"专为中小企业服务"为特殊定位，推出了"融易通卡"，为从事生产、贸易经营活动的中小企业主、个体工商户和从事农林牧渔等生产经营的"三农"客户提供自助便捷的经营性融资服务，以满足他们小额便利的信贷需求。

三、加强同非金融支付机构的合作，增强信用卡在互联网支付领域的竞争力

第一，信用卡发卡机构与非金融支付机构各具优势，双方有相互合作的基础。信用卡作为支付节点，为非金融支付机构提供完善的支付业务基础服务；非金融支付机构所提供的网关服务也非常关键，可以为信用卡客户拓展支付渠道。双方相互合作，能够形成双方市场份额同步提升、收益共同增长的双赢格局。

第二，非金融支付机构极具创新能力，信用卡发卡机构需要与非金融支付机构合作，以增强在互联网支付领域的竞争力。非金融支付机构的创新能力体现在行业拓展的弹性化、客户衍生需求解决方案的个性化以及支付技术的现代化等方面。比如汇付天下、快钱、易宝等开始定位于行业支付专家，细分行业覆盖航空、教育、保险、旅游、物流、游戏等，为企业提供支付和资金解决方案等多种服务；支付宝为网络购物用户提供担保交易形式；天翼电子商务、中移商务、联通沃易付等支付机构掌握着手机近场支付和手机远程支付的技术。信用卡发卡机构需要与非金融支付机构合作，保持对行业发展趋势的深度关注，借助非金融支付机构的高成长性和创新性，推出更多贴近市场需求的产品和服务（如NFC手机支付、金融IC卡的多场景支付以及基于移动互联网和云计算技术的智能支付综合解决方案）、拓展更多的行业与平台客户（如沿海城市口岸的跨境贸易电子商务服务平台），从而提高自身的竞争能力，增加收益。

四、切实加强对非金融支付企业的监管，规范互联网支付行业的发展

快速发展的互联网支付行业也存在着系统性风险、信息泄露风险、交易欺诈风险和经营风险等问题，监管层出台了一系列规章制度，加强对非金融支付企业的监管。2010年，中国人民银行制定了《非金融机构支付服务管理办法》、《非金融机构支付服务管理办法实施细则》等规章制度，明确其对非金融机构支付服务的监管职责，并从准入资质、审批程序、客户备付金管理、监督管理及过渡期等方面进行全面规范。2011年，中国人民银行公布了《支付机构预付卡业务管理办法（征求意见稿）》和《支付机构客户备付金存管暂行办法（征求意见稿）》。2012年，中国人民银行起草了《支付机构互联网支付业务管理办法（征求意见稿）》，进一步规范和促进互联网支付业务发展，防范支付风险，保护当事人的合法权益。只有在系统、审慎的监

管体系下，互联网支付行业的健康发展才能得到保证。

已获许可101家非金融支付机构的获批业务范围及地域范围[1]如表7-1所示。

表7-1　已获许可101家非金融支付机构获批业务范围及地域范围

非金融支付机构	业务覆盖范围	银行卡收单	互联网支付	预付卡发行与受理	移动电话支付	固定电话支付	数字电视支付	货币汇兑
支付宝（中国）网络技术有限公司	全国	▲	▲	▲（仅限于线上实名账户充值）	▲			▲
银联商务有限公司	全国	▲	▲	▲（预付卡受理）				
北京商服通网络科技有限公司	全国		▲					
深圳市财付通科技有限公司	全国		▲		▲	▲		
通联支付网络服务股份有限公司	全国	▲	▲	▲（预付卡受理）	▲			▲
开联通网络技术服务有限公司	全国	▲	▲	▲				
北京通融电信信息技术有限公司	全国	▲	▲	▲	▲			▲
快钱支付清算信息有限公司	全国	▲	▲	▲（预付卡受理）	▲			▲
上海汇付数据服务有限公司	全国	▲	▲		▲			
上海盛付通电子商务有限公司	全国		▲	▲（仅限线上直接消费机实名支付账户充值）				
钱袋网（北京）信息技术有限公司	全国		▲		▲			
上海东方电子支付有限公司	全国		▲					
深圳市快付通金融网络科技服务有限公司	全国		▲	▲				
（广东）广州银联网络支付有限公司	全国	▲（仅限于广东省内）	▲	▲（预付卡受理）				

[1] 资料来源：中国银联。

续表

非金融支付机构	业务覆盖范围	银行卡收单	互联网支付	预付卡发行与受理	移动电话支付	固定电话支付	数字电视支付	货币汇兑
北京数字王府井科技有限公司	北京	▲		▲（预付卡受理）				
北京银联商务有限公司	北京	▲						
杉德电子商务服务有限公司	全国	▲	▲	▲（预付卡受理）	▲			
裕福网络科技有限公司	全国		▲	▲				
渤海易生商务服务有限公司	全国		▲	▲				
深圳银盛电子支付科技有限公司	全国		▲	▲	▲	▲		
迅付信息科技有限公司	全国		▲		▲	▲		▲
网银在线（北京）科技有限公司	全国		▲		▲	▲		▲
海南新生信息技术有限公司	全国		▲	▲				
上海捷银信息技术有限公司	全国		▲	▲（仅限于线上实名支付账户充值）	▲			
北京拉卡拉网络技术有限公司	全国	▲						
上海付费通信息服务有限公司	全国	▲	▲		▲	▲		
深圳市壹卡会科技服务有限公司	全国		▲	▲				
上海富友金融网络技术有限公司	福建、江办、上海、浙江			▲				
南京市民卡有限公司	江苏			▲				
四川商通产业有限公司	四川			▲				
上海畅购企业服务有限公司	上海、江苏、浙江			▲				
中付通信息服务股份有限公司	内蒙古			▲				
山东鲁商一卡通支付有限公司	山东			▲				
上海得仕企业服务有限公司	上海			▲				
证联融通电子有限公司	全国		▲					
捷付睿通股份有限公司	全国		▲		▲			
成都摩宝网络科技有限公司	全国		▲		▲			
联动优势电子商务有限公司	全国		▲		▲			

续表

非金融支付机构	业务覆盖范围	银行卡收单	互联网支付	预付卡发行与受理	移动电话支付	固定电话支付	数字电视支付	货币汇兑
杭州银通数码信息技术有限公司	全国		▲		▲			
上海银联电子支付服务有限公司	全国		▲		▲			
天翼电子商务有限公司	全国	▲			▲	▲		
中移电子商务有限公司	全国	▲			▲			
联通沃易付网络技术有限公司	全国	▲			▲	▲		
上海点佰趣信息科技有限公司	全国	▲						
天津城市一卡通有限公司	天津			▲				
江苏瑞禅商务有限公司	江苏			▲				
武汉市金源信企业服务信息系统有限公司	湖北			▲				
广东银结通电子支付结算有限公司	广东	▲						
现代金融控股（成都）有限公司	全国		▲	▲				
国付宝信息科技有限公司	全国		▲		▲			
重庆易极付科技有限公司	全国		▲					
河北一卡通电子支付服务有限公司	河北			▲				
山西万卡德商务有限公司	山西			▲				
哈尔滨轮回网络科技有限公司	黑龙江			▲				
浙江商盟企业商务服务有限公司			▲（全国）	▲（浙江、上海）				
安徽华夏通支付有限公司	安徽			▲				
河南汇银丰信息技术有限公司	河南			▲				
贵州汇联通电子商务服务有限公司	贵州			▲				
大连中鼎资讯有限公司	辽宁			▲				
宁波银联商务有限公司	宁波市	▲						
厦门易通卡运营有限责任公司	福建			▲				
深圳市钱宝科技服务有限公司	全国		▲					
上海电银信息技术有限公司	全国		▲		▲			
广州易联商务有限公司	全国			▲（广东）	▲			

续表

非金融支付机构	业务覆盖范围	银行卡收单	互联网支付	预付卡发行与受理	移动电话支付	固定电话支付	数字电视支付	货币汇兑
北京海科融通信息技术有限公司	全国	▲						
浙江易士企业管理服务有限公司	浙江			▲				
中联信（福建）支付服务有限责任公司	福建			▲				
深圳市网购科技有限公司	全国		▲		▲			
东方付通信息技术有限公司	全国		▲					
广东益民旅游休闲服务有限公司	广东			▲				
易智付科技（北京）有限公司	全国		▲		▲			
深圳市泰海网络科技服务有限公司	全国		▲					
上海华势信息科技有限公司	全国	▲						
广州市易票联电子商务有限公司		▲（广东）	▲（全国）					
北京资和信通联科技有限公司	全国	▲	▲		▲			
深圳市深银联易办事金融服务有限公司	广东	▲						
上海融兴网络科技有限公司	全国				▲	▲		
深圳市银联金融网络有限公司	广东	▲						
宝付网络科技（上海）有限公司	全国		▲					
上海德颐网络技术有限公司								
北京金科信安科技术有限公司	全国		▲					
上海富友支付服务有限公司	全国	▲	▲					
安易联融电子商务有限公司	北京、辽宁、新疆、广东			▲				
北京爱农驿站科技服务有限公司			▲（全国）	▲（北京、上海）				
上海付费通企业服务有限公司	上海			▲				
北京首采联合电子商务有限责任公司			▲（全国）	▲（北京）				
北京中欣银宝通商业服务有限公司	北京			▲				
上海市都市旅游卡发展有限公司	上海市			▲				
北京市政交通一卡通有限公司	北京、河北、天津			▲				

续表

非金融支付机构	业务覆盖范围	银行卡收单	互联网支付	预付卡发行与受理	移动电话支付	固定电话支付	数字电视支付	货币汇兑
通联商务有限公司	北京、上海、江苏			▲				
北京雅酷时空信息交换技术有限公司	北京			▲				
上海通卡投资管理有限公司	上海、浙江、安徽			▲				
中投科信科技股份有限公司	全国		▲					
上海宜友企业服务有限公司	上海			▲				
安付宝商务有限公司	上海			▲				
上海便利通电子商务有限公司	上海			▲				
上海纽斯达科技有限公司	上海			▲				
锦江国际电子商务有限公司	上海			▲				
上海中城通商务有限公司	上海			▲				
上海大众交通商和有限公司	上海			▲				
上海杉德支付网络服务发展有限公司	上海、浙江、江苏、北京			▲				

第八章

我国信用卡产业风险管理

2011年中国信用卡市场保持了快速发展，业务增长较快。各发卡行加强风险管理，但仍存在风险意识不高、风险管理偏向静态、缺乏高效畅通的风险信息共享机制等问题。需要采取综合措施，进一步加强和完善风险管理工作，为全社会创造安全、便捷的用卡环境，为信用卡产业的健康发展提供保障。

第一节 我国信用卡产业风险现状

一、信用风险总量增幅小于透支余额增幅

截至2011年末，未偿信贷余额8 129.56亿元，同比增长81.00%；逾期半年未偿信贷总额为110.31亿元，同比增长43.5%。[①]2011年贷记卡风险类透支余额开始回升，贷记卡延滞账户余额、当年新增损失类和累计损失类账户透支余额同比均有所上升。但相较透支余额连续多年的高速增长，信用风险总

[①] 资料来源：中国银联《2011年中国信用卡信用风险报告》。

量的上升幅度明显小于透支余额增长幅度。总体上看我国信用卡产业风险管理得当。

二、各行拨备充分，核销金额保持高位

2011年末各发卡行平均拨备覆盖率为132.70%，较2010年末的120.11%有所上升，拨备覆盖率继续保持高位水平，对风险覆盖较为充足。[1]同时，呆账核销金额继续保持在较高水平，各发卡行采取更加审慎的经营政策，重视对历史呆坏账的核销力度，将符合条件的坏账进行集中核销，全年核销呆账20.23亿元，较2010年的20.02亿元有所上升，已达当年新增实际损失金额的75%。为了更加真实地反映资产负债的资产质量状况，各发卡行应继续加大不良资产的核销力度，尽可能增提拨备，核销损失，做好风险防范。

三、信用卡套现率维持在低位水平

2010年以来，为应对国内经济通货膨胀和流动性过剩压力，中国人民银行连续13次上调存款准备金，商业银行信贷规模大幅紧缩，资金成本上升。面对向银行求贷的困难，不少过度依赖信贷资金的中小企业主抱着侥幸心理，重拾信用卡套现周转资金的老路。同时，一些不法中介利用信用卡套现所得资金用于高利贷等非法活动，使得2011年套现风险有所上升。为此，中国银联联合各成员积极配合公安部门与人民银行，通过"天网—2011"专项行动继续大力整治套现活动。[2]行动期间，全国共破获银行卡犯罪案件2.4万起，同比增加16.4%；抓获犯罪嫌疑人1.4万名，同比增加25.4%；抓获往年在逃银行卡犯罪嫌疑人927人，抓获率达89%；挽回经济损失4亿元，基本遏制了信用卡套现的反弹势头，全年信用卡套现率继续维持在低位水平。

---

[1] 资料来源：中国银联《2011年中国信用卡信用风险报告》。
[2] 资料来源：《公安机关经侦部门打击银行卡犯罪"天网—2011"专项行动工作情况通报》。

四、欺诈方式不断翻新

2011年,随着非金融支付企业支付业务的迅猛发展,欺诈方式不断翻新。互联网欺诈日益增多。目前,互联网欺诈损失金额在所有欺诈类型中已上升至第四位。主要通过反复测试有效期和卡片验证码、利用钓鱼网站或木马病毒、借助短信转移业务截取动态密码等方式实施欺诈。如在钓鱼网站欺诈中,不法分子往往通过发送电子邮件、即时通信链接等方式,引诱持卡人在仿造的银行或其他支付页面输入账户信息,通过获取支付认证信息,或诱骗持卡人直接为不法分子的订单完成付款的方式,达到诈骗持卡人资金的目的。

2011年,国内出现不法分子利用移动运营商在部分地区提供的短信转移业务,截取客户手机动态验证码进行互联网欺诈的案例。不法分子通过登录移动运营商网站,冒充客户开通短信转移功能,将原本发给客户手机号码的短信转移到不法分子的手机号码上,进而截取客户手机动态验证码,通过互联网支付平台进行欺诈交易。

同时,黑中介趋向正规化、规模化。由于各家商业银行的信贷紧缩,代办信用卡的各类黑中介屡禁不止。从近期发生的案例来看,它们很多都是具备正规手续、合法成立的公司,有的甚至规模很大,银行在审核时往往难以辨别。一些中小企业通过黑中介团办信用卡套现取得资金,一旦经营失败、资金链断裂,发卡行的损失难以挽回。

第二节 我国信用卡风险管理存在的问题

一、各利益主体风险意识有待进一步提高

银行从业人员风险监管意识缺乏,银行内部对风险管理的统一、协调、系统的风险管控体系还不完善。信用卡风险管理的意识应该贯穿到全行员

工，贯穿到业务拓展、经营管理的全过程中。

信用卡特约商户的工作人员责任心不强。特约商户处于主动的市场地位，导致特约商户不愿自觉接受发卡银行培训或进行自我培训。商户的收银员流动率也较大，给商户的培训增加了成本，带来了一定的困难。目前商户收银员受理信用卡的专业技能普遍较低，加之责任心不强等原因，不能辨别假卡，或不能识别客户身份；尤其是在很多家商业银行实行"双免政策"（消费免输密码免出示身份证）的情况下，风险发生的概率显著增加。

持卡人信用卡风险防范及信用意识不强，存在诸多不良的用卡习惯，用卡文化尚待普及。持卡人对于信用卡的使用只谋求自己的方便，不注意遵守信用卡章程的有关规定，不配合发卡银行及特约商户的信用卡风险管理工作。持卡人是信用卡使用的主体，用卡不慎会为不法分子欺诈行为带来方便。持卡人正确用卡意识偏低，有的甚至故意违反协议，恶意透支，形成信用卡信用风险。

二、交易监控力度须加强，管理系统须优化

为了有效控制信用风险和欺诈风险，发卡行需要动态跟踪和分析客户交易行为，及时发现风险，把风险控制在萌芽状态，将损失降到最低。目前国内发卡行在预警监控和分析系统上的研发和升级投入参差不齐，应对日益复杂的创新支付模式、变化多样的欺诈手段、不断升级的客户需求的能力略显不足。各发卡行需与时俱进，分析新情况，研究新问题，加快交易监控规则的更新，快速优化交易监控管理系统。

三、风险信息共享机制尚不完善

我国的信息共享机制尚不完善，发卡行为得到客户真实的信用信息，要花费较高的成本，导致行业整体的效率缺失。银行与客户的信息极不对称。我国个人征信体系的建立还处于起步阶段，全国性的、客观的、全面的个人

信用评估机构以及有效的信息管理系统尚未形成，运用有效的定量分析的模型还不普及。各银行间的整体联动机制缺乏，不仅银行与银行之间互不联网，甚至同一家银行内部也未能形成统一的信息共享网络，特别是在一些条件不足或偏远地区，问题更加显著，以至于有些犯罪分子利用先进的交通工具，在不同城市内数个网点疯狂透支，直到透支额高达数十万元甚至过百万元时，所有资料才可能汇集到发卡行，时间严重滞后。各发卡银行各自为政，孤立地经营信用卡业务，导致不良持卡人、不良商户、有关案件等客户信用信息形成了"信息孤岛"，给一些不良持卡人以可乘之机，造成多头贷款或重复大量的恶意透支，增加了信用卡风险损失。

四、风险控制技术水平存在差距，催收模式急需创新

我国的信用卡风险控制技术在科学性、技术性、系统性三个方面都与发达国家和地区存在差距，有些国外比较成功的风险控制理念和风险管理工具在我国还未普遍运用。薄弱环节主要集中在实时动态的风险监控决策能力方面，具体体现在对信用卡的额度决策管理和催收决策管理方面。

目前，信用卡发卡银行大多采用外包形式委托催收公司进行逾期资产的清收。尽管通过加强对催收公司的管理，能较好地保护持卡人信息，防范持卡人信息的泄露，但仍时常发生客户投诉，也显现了因催收公司资源的有限性，导致无法适应信用卡资产管理快速发展的需要，各发卡银行的催收模式急需创新。

第三节　我国信用卡风险管理的建议

一、加强对利益主体的宣传教育，提高安全意识

加强从业人员培训，提升员工的法律意识和风险意识，培养员工的职业

道德和责任感，提高员工的业务水平，从而使员工有意识、有责任、有能力分析和控制风险。可以借鉴发达国家的先进经验，通过引进流程、教材和培训人员来提高对从业人员的培训水平。

持续加强司法合作和安全用卡宣传工作，强化打击银行卡犯罪和安全宣传长效机制。银行从发卡的第一步——客户申卡环节就要开始对信用卡风险进行宣传，尤其是信用卡欺诈风险。继续积极开展形式多样的持卡人用卡安全宣传活动，通过电视、报纸和移动等多种渠道，提高持卡人的风险意识、法律意识以及反欺诈技能，共同营造安全用卡、放心用卡的社会氛围。并在2010年、2011年连续两年打击银行卡犯罪专项行动的基础上，继续深化发卡行与司法机关的合作，充分发挥警银合作、联合打击信用卡犯罪的联动优势。

规范特约商户工作人员行为，形成培训、奖惩等长效机制。要对特约商户工作人员制订培训计划，与发卡行、公安机关及相关执法机关合作，对特约商户的工作人员进行业务培训及法制教育，一方面强化他们的业务能力，提高他们识别伪造卡、仿冒卡的能力，并且将这种业务培训形成长效机制，对快速更新的新业务、新技能进行有效的传播；另一方面让其意识到如果由于缺乏责任感导致风险发生，应当承担法律责任。

二、实现全面的、动态的风险管理

信用卡的风险管理是一个完整的业务体系。各发卡行要针对不同市场的不同政治经济环境、不同客户群体、不同产品，动态地制定差异化的客户选取策略、授信策略、账户生命周期管理策略、欺诈交易侦测策略、资产保全策略。

防范信用风险方面，首先要建立动态的授信政策调整机制。授信审批政策应根据业务发展及内外部环境变化动态地进行调整。随着国家"十二五"规划纲要的出台，部分一线城市面临着经济结构调整，部分产业将向中西部和其他二线城市转移，信用卡授信政策导向也应适应宏观经济政策的调整以及实际业务发展情况的需要。其次要完善信用额度管理体系。明确目标客户群体，提高初始授信的精准度；完善额度的动态管理，根据持卡人资信状况、用卡行为、风险信息对信用卡授信额度进行调整；加强风险客户监控，对有潜在风险的客户，根据严重程度，及时采取降额、停卡、关注等防范措施；加大对低资本使用效率客户的额度压缩力度，进一步提高资本使用效率。

防范欺诈风险方面，要结合信用卡业务创新，动态地升级创新渠道欺诈风险防范策略。在信用卡互联网支付渠道业务不断创新的发展趋势下，针对银联在线支付、手机支付、无卡自助消费等新型业务形式，要从身份验证、交易监控、商户管理等多方面提出风险管控措施，创新业务流程，适应新型支付渠道的特点，加强对不同业务类型、不同渠道及不同支付方式的风险预判、防范及监控。

三、建立风险信息共享信息库，加快征信数据的开放

当前在信用卡风险信息领域，各行都已有一些本行收集的风险信息，而且部分地区和城市在银行同业公会的组织下也进行了部分不良信息共享的尝试，但尚未有全国性的包含不良持卡人信息、不良商户信息、欺诈交易信息、信用卡犯罪信息在内的、完整的信用卡风险信息数据库。而实际上，这个风险信息共享数据库的建立除了设备和技术上的支持外，更重要的是在合作机制下各家银行的共同参与，包括风险信息标准的统一、信息提供和使用的规范。可考虑加强成员银行、公安及司法部门之间的交流与合作，建立案件通报、协查制度和联防联查机制，建立成员银行之间信用风险信息、欺诈风险信息、信用卡案件信息等多种信用卡风险信息的共享平台，通过信息库的管理，防止其再次办卡、连续诈骗。

同时要加快征信数据的开放。我国在征信数据的开放与使用方面目前尚无明确的法律规定。目前突出的矛盾是数据开放程度低，主要表现：一是信用卡产业经营所需的许多信息分散和封闭于各个部门和机构中，使信用信息的使用面临困难；二是在对信贷征信海量数据的开发利用方面还存在制度性障碍，例如各信用卡中心在风险管理模型开发中所需要的数据，目前尚得不到有关方面的支持，在一定程度上影响了我国信用卡产业风险管理水平的进一步提高。

四、提高信息管理水平，优化催收管理机制

目前，我国商业银行在信用卡风险控制技术方面还没有完全采用先进的科学技术手段，信息反馈速度慢，严重影响了风险处理效率。各发卡银行须改进和健全风险管理系统，提高全面风险管理的能力。

优化银行催收管理机制。一是加强催收外包系统建设，改善原有的催收系统，使之能够满足外包数据筛选、提取、查询、导入及存储需要。二是重构催收作业流程，银行员工尽快完成由催收操作员向催收管理员的角色转变。三是建立对催收公司的监督管理机制，要求催收公司报备催收专用电话和催收人员名单，督导催收公司提高生产效率，减少持卡人投诉。四是畅通与持卡人的沟通渠道，银行设置专用电话，安排专人向持卡人解释银行信用卡催收外包业务。五是根据各发卡行的情况，逐渐建立自催团队，防范持卡人信息泄露。

第九章

我国信用卡产业法律规制

近年来,随着国内信用卡产业的持续快速发展,我国信用卡产业的法律规制也在各个方面不断完善。从20世纪80年代信用卡产生初期少数几个涉及信用卡的法律条款,到如今由中国人民银行、中国银行业监督管理委员会等监管机构制定的专门针对信用卡产业的一系列法规制度和监管政策,我国信用卡产业法律规制体系已具雏形。但与发达国家的信用卡产业法律规制相比,我国信用卡产业立法仍存在效力层级不高、立法系统滞后、配套立法不完善等问题,建议提高信用卡立法的效力层级,完善信用卡法律立法技术,配套建立完善的个人信用管理制度。

第一节 我国信用卡产业法律规制现状

一、目前我国信用卡法律规制框架

目前,我国已基本构建的法律、法规、规范性文件包括《中华人民共和国中国人民银行法》(以下简称《中国人民银行法》)、《中华人民共和国银行业监督管理法》(以下简称《银行业监督管理法》)、《中华人民共和国商业银行法》(以下简称《商业银行法》)、《中华人民共和国民法通则》(以下简称《民法通则》)、《中华人民共和国合同法》(以下简称《合同法》)、《中华人民共和国担保法》(以下简称《担保法》)、《中华人民共和国刑法》(以下简称《刑法》)、《中华人民共和国消费者权益保护法》(以下简称《消费者权益保护法》)、中国银监会《商业银行信用卡业务监督管理办法》、中国人民银行《银行卡业务管理办法》、《中国银行业监督管理委员会关于加强银行卡安全管理有关问题的通知》、《中国银监会关于进一步规范信用卡业务的通知》等规范性法律文件在内的，多层次的信用卡业务法律规制，对信用卡业务的健康持续发展起到了重要作用。2011年，我国信用卡业务相关的完善的法律法规有《商业银行信用卡业务监督管理办法》、《第三方电子商务交易平台服务规范》、《中国人民银行关于推进金融IC卡应用工作的意见》等，主要在信用卡业务市场准入管理、第三方电子支付、信用卡收单业务、芯片信用卡几个方面作了规定。

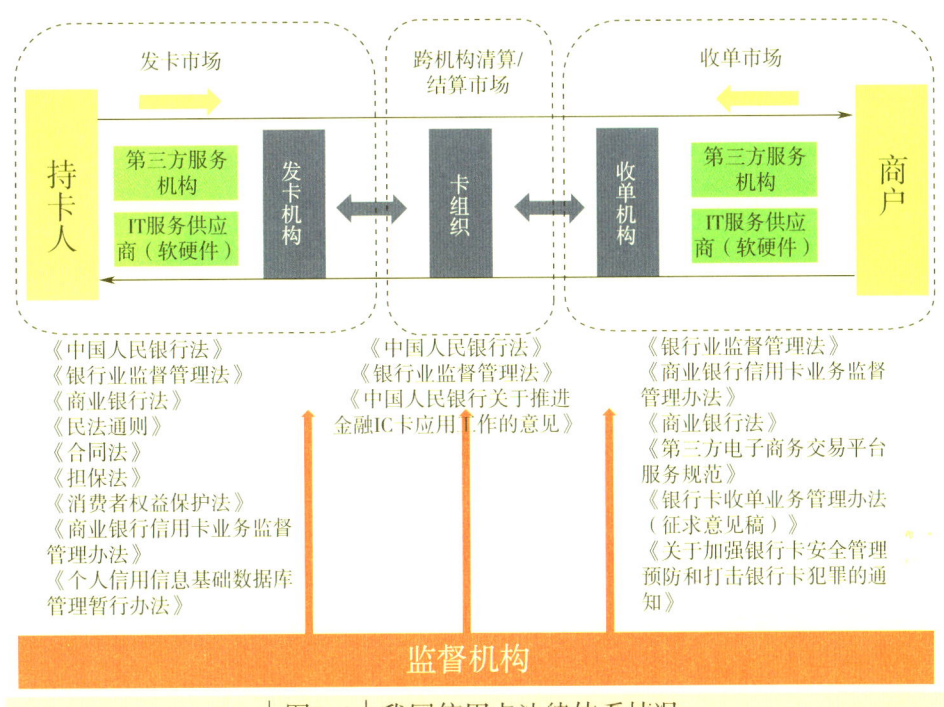

| 图9-1 | 我国信用卡法律体系情况

表9-1　2011年我国出台的信用卡主要相关制度

法规名称	颁布时间	立法层级	专业性	主要内容及作用
《商业银行信用卡业务监督管理办法》	2011年	部门规章	是	规定了发卡行信用卡业务的运营模式、各环节业务流程和风险控制流程设计、业务体系和基础设施实施建设方案，严格规范了信用卡业务市场准入管理。
《第三方电子商务交易平台服务规范》	2011年	规范性文件	否	确定了信用卡第三方电子支付交易平台的运用原则、设立条件与服务规则；调整了第三方电子商务交易平台、站内经营者与消费者之间的关系以及明确了网络交易中禁止的行为。
《中国人民银行关于推进金融IC卡应用工作的意见》	2011年	规范性文件	否	推进了信用卡芯片化进程及规范了芯片卡的研发及营销过程；有利于提高银行卡的整体风险防控能力，降低风险损失以及带动了信用卡产业的升级。

二、2011年度信用卡法律规制建设的进展

（一）进一步规范商业银行信用卡业务经营行为，强调对持卡人权益的保护

2011年1月银监会颁布的《商业银行信用卡业务监督管理办法》一方面从信用卡的业务准入、发卡行为、审核授信、额度管理、交易授权、受理收单、催收行为、业务外包、风险控制等各个环节对我国商业银行信用卡业务进行制度规范，进一步规范了商业银行的信用卡业务经营行为，防范了信用卡业务风险；另一方面，该办法在发卡银行营销行为、持卡人激活用卡、学生办卡、超额度用卡、催收行为等方面突出强调了发卡银行与持卡人的权利义务，为有效保障金融消费者的合法权益迈出了坚实的一步。与1999年中国人民银行颁布的《银行卡业务管理办法》主要规定信用卡计结息规则、透支利率、授信额度等不同，《商业银行信用卡业务监督管理办法》主要明确商业银行信用卡的业务环节、信息披露要求、日常运营管理、风险监测控制、保护消费者等具体经营行为规则，侧重于规范市场经营行为和督促银行开展风险管理工作。

（二）进一步规范了信用卡网络支付管理

随着电子商务的迅速发展，信用卡在第三方电子商务平台下的支付也

在不断提升。2011年4月商务部颁布了《第三方电子商务交易平台服务规范》，确定了信用卡在第三方电子商务交易平台的运用原则、设立条件与服务规则，调整了信用卡产业在第三方电子商务交易平台、站内经营者与消费者之间的关系以及明确了网络交易中禁止的行为。

（三）进一步弥补了现行收单业务法律机制的缺陷

2011年12月7日，中国人民银行颁布了《银行卡收单业务管理办法（征求意见稿）》。该办法正式出台后，将对加强信用卡收单业务管理，防范信用卡业务风险，保障商业银行、持卡人及特约商户的合法权益起到重要的指导作用。此外，该办法还将弥补现行收单业务法律规制对非金融支付机构从事收单业务无章可循、创新收单业务无相关法律规范的缺陷，为规范信用卡收单业务提供更加全面、覆盖面更广的法律依据。

第二节 我国信用卡产业法律规制存在的问题

一、立法层级有待进一步提高

目前，信用卡已经影响到人们生活的各个方面，使用信用卡是一项重要的民商事行为。如图9-1和表9-1所示，我国的信用卡相关规定只能在《中国人民银行法》、《银行业监督管理法》、《商业银行法》、《民法通则》、《合同法》、《担保法》、《刑法》、《消费者权益保护法》等法律中找到一些原则性的规定，这些法律缺少专门针对信用卡业务的可操作性的条款。在行政法规及规章领域，专门针对信用卡业务作出相对完善和具体规制的分别是《银行卡业务管理办法》和《商业银行信用卡业务监督管理办法》。上述两项法律文件分别由中国人民银行和中国银行业监督管理委员会颁布，法律层级偏低。

二、立法水平稍显滞后

我国有关信用卡的法律文件存在着立法分散，且规定过于原则的问题。信用卡业务包括业务的审批、信用卡发行、持卡人的申领、收单机构和特约商户的受理、交易清算等诸多环节，其中每一个环节都会引起风险的发生。目前信用卡业务各方的主体职责和权利义务在法律层面上没有具体的规定，对信用卡业务的诸多环节缺少系统性规范管理，片面强调发卡银行对持卡人的安全保障义务及片面强调银行的责任，不仅使银行资金处于更大的风险中，也会降低产业链中其他参与主体的风险防范意识，不利于保护持卡人的合法权益，也增大了信用卡风险，不利于信用卡产业的长远发展。

三、配套立法亟须完善

就信用卡业务而言，信用制度立法是其立法能否得以实现的基础条件。我国的信用环境和信用立法都相对滞后，也没有形成一套较为完善的信用制度，这影响了信用卡发卡过程中对申请人资信状况的科学审查，从而增加了商业银行的业务风险。

在发达国家，信用制度、信用环境则比较完善。各国通过立法，建立严格的信用审查和信用公开制度，树立共同的守信意识，并对失去信用者予以严厉的惩罚，最终形成较完善的个人信用制度环境，为信用卡业务的发展提供了坚实的基础。

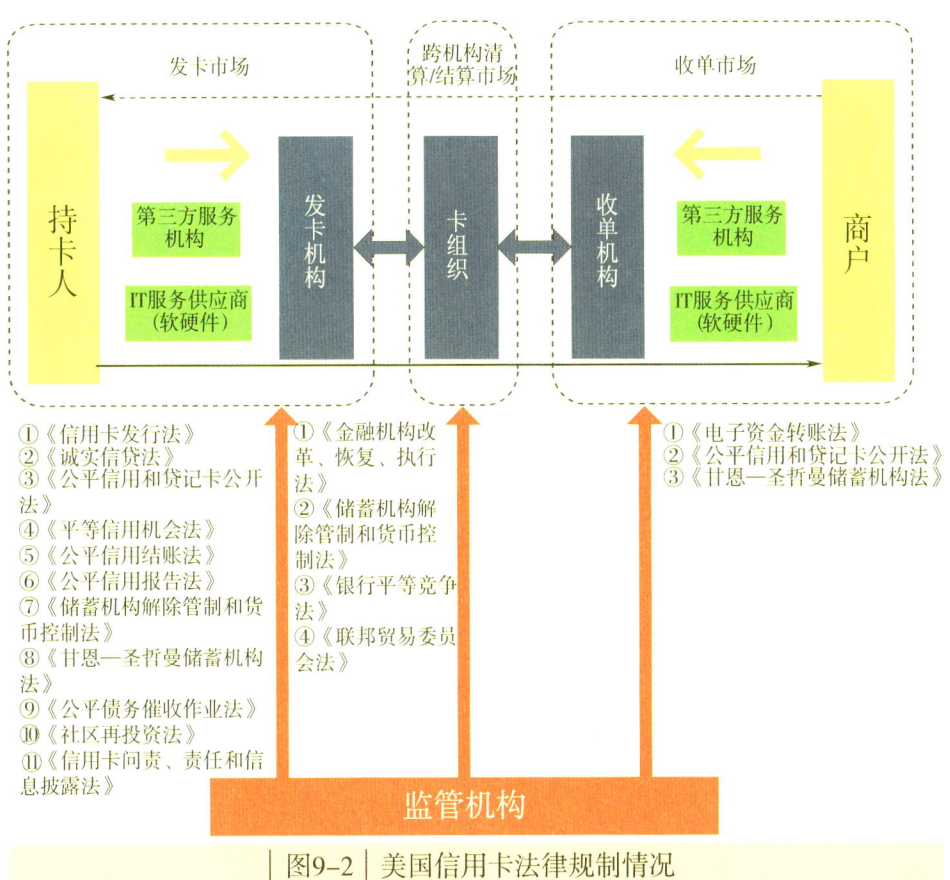

图9-2 美国信用卡法律规制情况

第三节 我国信用卡产业法律规制发展建议

一、呼吁制定完善的信用卡法律法规

目前一些信用卡的法律规制已经不太符合中国当前信用卡市场发展的程度,同时,我国法律法规对整个信用卡产业链方面的规范还不成体系。特别是2008年国际金融危机爆发以来,国内信用卡业务发展中出现了一系列新问题和新挑战,迫切需要制定一部完善的信用卡法规,从而有效界定信用卡法律关系当事人之间的基本权利义务关系,保障当事人合法权益,统一信用卡

发行、使用和受理规则，实现各方利益的相对平衡。

二、完善信用卡法律立法水平

目前我国信用卡风险管理的规章制度在业务准入与业务管理上提供了操作细则，但对收单业务、催收制度、风险管理方面并没有具体的规定，只是在《商业银行信用卡业务监督管理办法》中确立"商业银行应当制定明确的信用卡业务发展战略和风险管理规划，建立健全信用卡业务内部控制、授权管理和风险管理体系、组织、制度、流程和岗位，明确分工和相关职责"等较为原则性的规定。

在市场经济领域，法律对于市场主体的各种经济活动不可能提供完全的、彻底的确定性指引，对于一些需要详尽加以明确的事项，就需要实施细则为发卡银行及相关主体提供明确的操作指引。因此，完善信用卡风险管理法律制度的实施细则，有助于银行内部风险管理制度与信用卡风险管理法律制度的衔接，减少发卡银行盲目竞争而采取的违背立法者立法意图的违法违规行为。

三、建立完善的个人信用制度

目前，我国个人信用法律尚不健全，尤其对消费者的保护方面，对信用卡使用者的征信调查以及与之相关的消费者的隐私和公平授信的权利保障不到位，难以在司法实践中具体把握，容易造成法律适用的困难。因此，要尽快颁布和实施个人信用制度法律及其配套规章，以尽快从单位信用保证和道德约束逐步过渡到以个人信用保证为主、法律制约为辅的信用体系中来，用法律的形式对个人账户体系、个人信用的记录和移交、个人信用档案的管理，个人信用级别的评定、披露和使用，个人信用主客体的权利义务及行为规范作出明确的规定；同时，明确个人信用制度的主管部门和各部门所负的职责，合理分工，严格奖惩措施，以国家的强制方式来推行个人信用制度，使个人信用制度在法律的框架范围内合理运行，规范发展。

第十章

我国信用卡产业对经济和社会的贡献

信用卡作为集支付结算、消费、信贷、理财等功能于一体的现代化电子支付工具,在扩大居民消费、促进经济增长、降低社会交易成本、促进商品流通、增加国家税收、支持反洗钱、扩大就业、推动建立和谐社会等方面都发挥了重要的积极作用。

第一节 扩大居民消费、促进经济增长

信用卡消费信贷具有方便快捷、享有免息期、可循环使用、使用范围广泛、不受时间和空间限制等特点。信用卡既可以通过提供便利支付提高消费意愿,引导消费者转变消费观念,又可以通过消费信贷功能预支未来的收入,扩大可支配的消费资金,进而提升居民消费倾向,拉动消费和促进经济增长。Global Insight(2003)[1]公司对全球50个国家的居民消费支出与电子支

---

[1] 刘廷焕、许罗德:《中国银行卡产业发展研究报告2009》,北京:中国金融出版社,2010.

付比例进行了研究，结果表明电子支付在消费支出中的比重每提升10个百分点，就能带来0.5%的消费增长。

从历史经验看，信用卡产业对促进我国国民经济发展的贡献正逐年提升。我国信用卡交易金额在社会消费品零售总额中的占比从2010年的32.55%上升至2011年的41.72%，提升了9.17个百分点，由此可计算出2011年信用卡交易金额带动了0.46%的消费增长。信用卡产业在扩大国内消费需求、拉动我国GDP的增长上起到了日益重要的作用。

| 图10-1 | 2009—2011年信用卡交易在社会消费的占比

第二节　降低交易成本、促进商业发展

现金支付的背后是巨大的人力成本和高耗的社会资源，主要包括：人民银行印刷发行现金的成本；商业银行管理现金的成本；ATM跨行取款转接的成本；反假币成本；ATM取现、柜面取现和商户处理交易的时间成本；滞留资金的机会成本；等等。

信用卡支付逐步取代现金支付，将会节约大量的社会成本。信用卡支付的社会成本占交易额的0.41%，而现金支付成本占交易额的比例是1.76%，现金支付的成本是信用卡的4.29倍，大致估算，信用卡交易相比现金可节约交易额的1.35%。银行卡交易具有社会成本优势，并且信用卡机构支付成本随支付规模的扩大，下降幅度也较为明显。据推算，仅2009—2011年三年，我国因使用信用卡而节约的社会成本达2 183.85亿元。2011年中国信用卡交易金额累计超过7.56万亿元，按信用卡交易可节约交易额的1.35%计算，仅2011年的信用卡交易就节约社会成本1 021.5亿元。而随着支付规模的扩大，社会成本的降低将更加明显（见图10-2）。

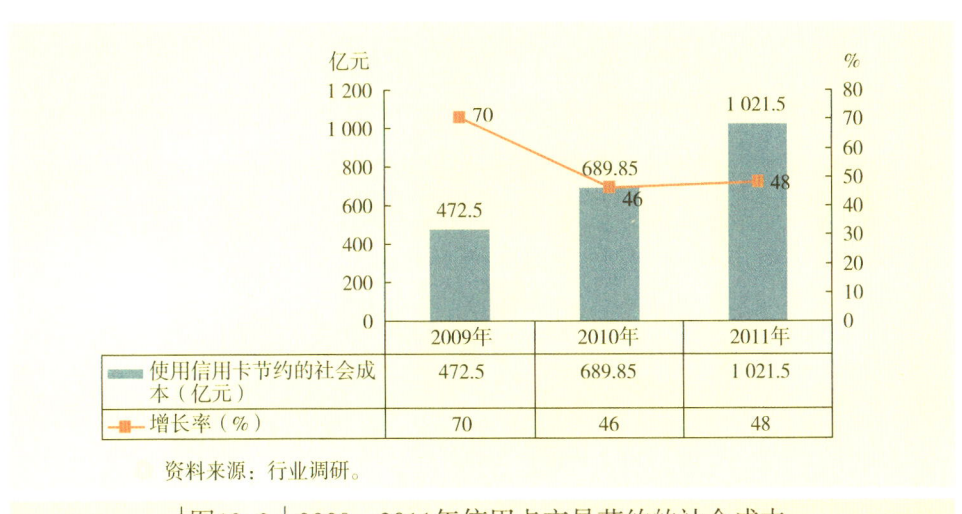

资料来源：行业调研。

| 图10-2 | 2009—2011年信用卡交易节约的社会成本

信用卡的应用为餐饮、旅游、房地产、汽车等行业带来大量客户，不少银行还在餐饮、汽车等行业大规模从事营销奖励活动，以协助扩大相应行业的销售额，有力地带动了相关行业的发展。

促进电子商务发展。2011年，中国电子商户市场交易规模达到6.9万亿元，电子商务的快速发展，得益于以借记卡、信用卡卡基支付为基础的电子支付^①业务的蓬勃发展和服务创新。

互联网支付在电子商务中的渗透率不断提高,网民中有一定收入和消费能力的群体与信用卡目标人群的交集越来越大,这种趋势让互联网和信用卡产业间的合作具有广阔的空间(见图10-3、图10-4)。

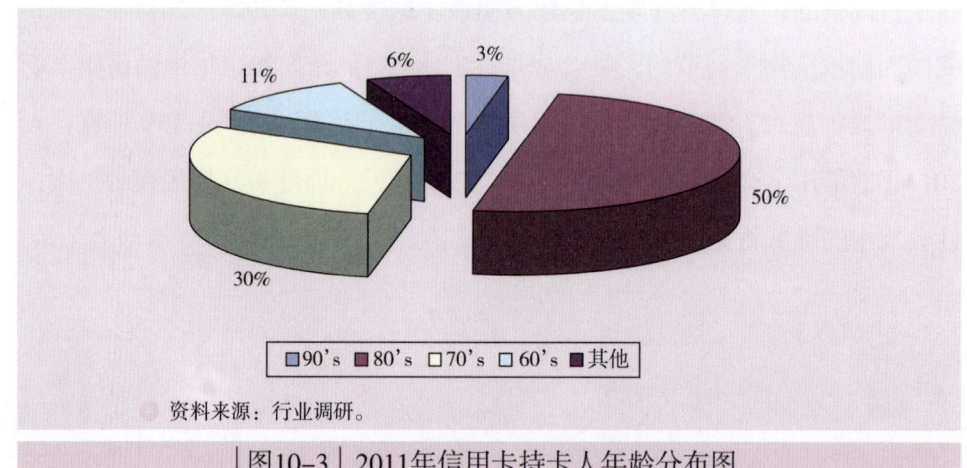

图10-3 | 2011年信用卡持卡人年龄分布图

图10-4 | 2011年支付宝用户年龄分布图

---

① 电子支付体系主要包括银行卡、互联网、手机、电话支付等。

随着信用卡的不断普及，特别是随着移动互联网时代的来临，互联网支付、电话支付、移动支付、金融IC卡支付、银联卡国际化等产业发展趋势日趋明朗，一些原来通过现金难以实现的商户与个人之间（B2C）、个人与商户之间（C2B）以及个人与个人之间（C2C）的非面对面交易（例如网络购物、订货、自助转账），因为有了信用卡和基于信用卡的各种新兴支付方式而迅猛发展。非金融支付机构与发卡行、中国银联通过多样化的合作形式不断拓宽其服务领域，如在快捷支付领域的大力推进，推动创新支付方式发展等，将支付服务扩大到更多类别的线下交易，带动了更多持有信用卡的"边缘人群"向网上支付用户的转化，极大地带动了网上支付用户的持续增长。

信用卡在与非金融支付机构对接过程中提供专业的安全技术，保证了电子商务支付环节的安全高效。电子支付业务涉及的交易环节很多，其安全性要求很高。非金融支付机构可依赖银行专业的安全技术快速发展。此外，信用卡交易承载了大量的用户资料，企业可以通过信用卡完善客户管理手段，将无具体对象的被动销售转为有针对性的主动营销。

基于信用卡的电子支付方式在催生了各种新兴商业模式的同时，也正在引起传统的商业模式的深刻变革，促进我国消费产业的升级，同时为电子商务的蓬勃发展奠定了基础。

第三节 增加税收、支持反洗钱

自2003年以来信用卡产业发展迅猛，突出表现为信用卡发卡行投资和税收贡献率的大幅提高。2011年，中国信用卡发卡行贡献税收[①]约123.46亿

[①] 信用卡发卡行的直接税收贡献主要分为三类：一是营业税金及附加（目前按照营业收入5.4%缴纳营业税及附加）；二是企业所得税（目前税率为25%）；三是从业人员个人所得税。

元,同比增长77.13%。[①]

|图10-5| 2009—2011年信用卡发卡行纳税情况

信用卡在帮助国家增加税收和反洗钱方面起着不可替代的作用。信用卡有利于规范税务征收。现阶段,我国偷税、漏税的主要表现形式为伪造、变造账簿、记账凭证减少应税数额,法人单位私设"小金库"、虚列支出,纳税个人隐藏收入等,而这些偷税、漏税形式主要是以现金支付为前提。通过信用卡结算,尤其是限制法人单位使用现金支付形式,能够客观真实地反映纳税人的实际收入和支出,有效避免偷税、漏税,减少税收损失。

信用卡有利于推进反洗钱工作。据IMF(国际货币基金组织)统计,支付电子化可以使地下经济在国民经济中的比重下降8%~10%。使用信用卡结算、限制现金支付,减少现金的隐性流通,有利于政府对企业和个人资金流通的监控,有效防范洗钱犯罪的发生,进而有效遏制行贿受贿、毒品交易、走私、假币等犯罪行为,保护国家金融安全。

[①] 根据同业调研数据估算。

第四节 支持扩大就业

信用卡产业是一个涉及诸多行业的综合性产业，信用卡产品的不断完善，尤其是公务卡、理财卡等特殊产品的出现，为实体经济提供了全方位的资金支持，推动实体经济的发展；同时，信用卡产业的规模化发展，也带动了制造业、IT行业、邮电行业、印刷业、广告行业等实体经济的持续增长，有效地拉动了信用卡产业链的发展。

一、实体产业链的贡献

（一）POS机和ATM的投入

如图10-6、图10-7所示，截至2011年末，信用卡产业购买设备投入到POS机、ATM的金额分别为37.3亿元和156亿元。

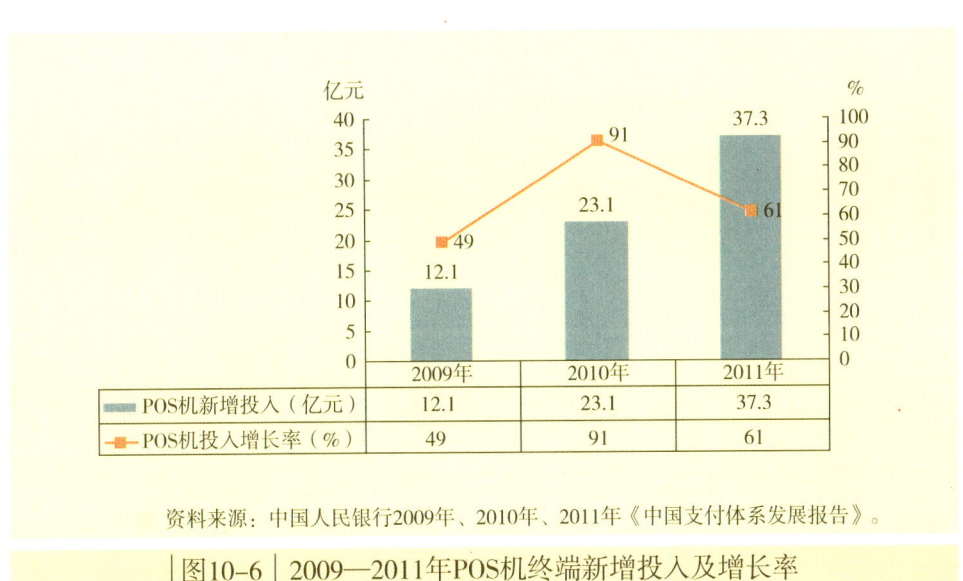

资料来源：中国人民银行2009年、2010年、2011年《中国支付体系发展报告》。

图10-6 ｜ 2009—2011年POS机终端新增投入及增长率

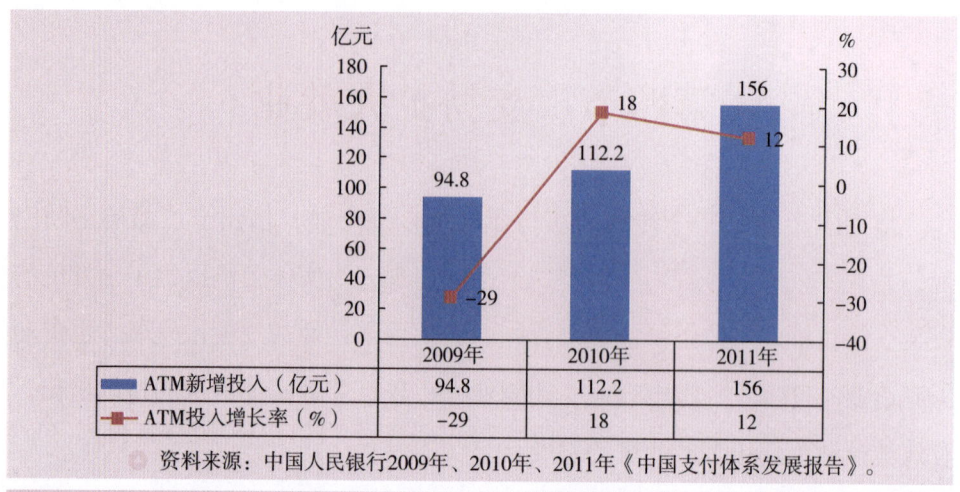

图10-7 | 2009—2011年ATM新增投入及增长率

资料来源：中国人民银行2009年、2010年、2011年《中国支付体系发展报告》。

（二）卡片制作的投入

截至2011年末，中国信用卡累计发卡2.85亿张，当年新增卡片5 500万张，若按每张卡片平均4元[①]的制作及个性化成本计算，2011年信用卡产业投入到卡片制作行业至少2.2亿元（见图10-8）。

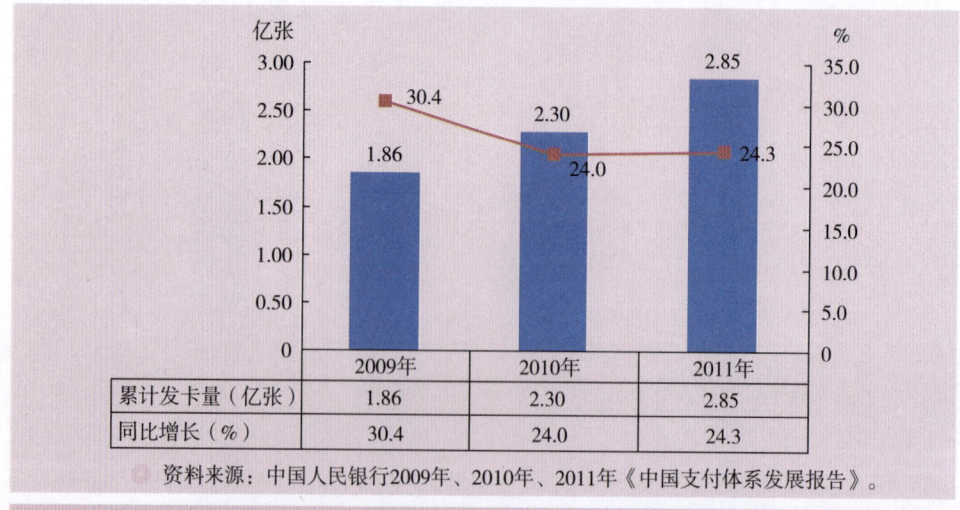

图10-8 | 2009—2011年信用卡发行数量及增长率

资料来源：中国人民银行2009年、2010年、2011年《中国支付体系发展报告》。

---

① 根据同业调研数据估算。

(三) IT行业

信用卡产业是一个高科技密集型产业，它对软件技术、硬件设备的要求很高。在中国，除少数银行信用卡系统为自行开发外，国内多数商业银行使用的信用卡交易处理及核心管理系统都是基于国外系统或银联数据的外包开发模式，投入十分巨大。随着信用卡发卡行的增多和竞争意识的增强，各发卡银行对软件开发、维护以及硬件的投入力度迅速扩大。截至2011年末，各行在信用卡系统软件开发和维护、硬件设备等方面的累计投入就达数十亿元。其中仅2011年，中国信用卡发卡行用于软硬件升级、系统开发、网上商城等IT投入便超过了20亿元[1]。

(四) 邮电、印刷、广告业

信用卡产业主要通过电话、短信、邮件、广告等形式与客户互动，并为客户提供优质服务。信用卡产业的快速发展为电信、邮政速递、印刷和广告等运营商贡献了巨大的利润。特别是2007年以来，信用卡产业支付的电话费、短信费、邮寄费、印刷费、广告费成倍增长，仅2011年，信用卡产业在电话、短信、邮递等方面的投入就超过了30亿元[2]，各项账单、宣传折页、用卡手册等印刷费近12亿元[3]，在广播电视、网络、平面媒体等渠道的广告投入也超过20亿元[4]。

---

[1] 根据同业调研数据估算。
[2] 根据同业调研数据估算。
[3] 根据同业调研数据估算。
[4] 根据同业调研数据估算。

二、创造就业的贡献

与传统银行业务相比,信用卡产业具有劳动力、资金、技术等多要素密集型的特征,在大规模吸纳专业型人才与新增劳动力方面,具有其他金融业务难以比拟的优势(见图10-9)。

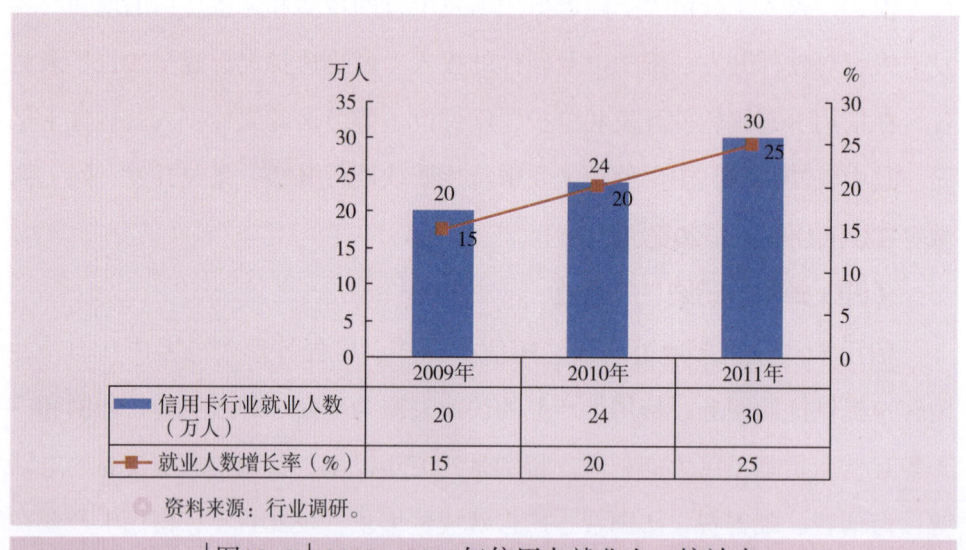

| 图10-9 | 2009—2011年信用卡就业人口统计表

我国信用卡产业的迅速发展,对增加就业有明显的推动作用。目前,各家全国性信用卡中心的人员平均规模在5 000人以上,最高的已超过1万人,可见信用卡产业作为提供个人消费信贷服务的专业化机构,能吸纳较多的劳动力。

与传统的加工制造类劳动密集型产业不同的是,信用卡产业从业人员以金融服务为内涵,经历了持续系统的专业培训,具有更强的专业技能和价值创造潜力,难以被其他生产要素所替代,故其成本竞争优势可以持续更长的周期。这种特性非常符合我国产业升级、劳动力升级的战略方向,对我国经济的持续快速发展具有积极的推动作用。信用卡产业链中的其他供应商和服务商也为社会提供了大量的就业岗位。随着信用卡产业规模的快速壮大,信用卡产业链的劳动力需求会逐年递增,将为国家创造更多的就业机会。

第五节 推动和谐社会建设

一、推动建立信用社会

社会信用体系是和谐社会建设的基础。随着经济市场化程度的加深,建立全社会的征信体系已成为社会共识。"十二五"期间要以社会成员信用信息的记录、整合和应用为重点,建立健全覆盖全社会的征信系统,全面推进社会信用体系建设。

信用卡业务的快速发展对我国信用社会的建立起到了积极的促进作用。信用卡持卡人众多,并涵盖不同层次的客户群体,是大众化的消费信贷载体,具有广泛覆盖性。信用卡消费支付交易可以完整记录消费者交易数据,其广泛使用将快速扩大个人征信体系数据库的覆盖人口数,健全个人信用体系。

截至2011年末,个人征信系统累计收录自然人数8亿人,其中,收录有信贷记录的自然人数2.6亿人,而商业银行累计发行信用卡达2.85亿张,按照规定向人民银行个人征信系统报送了占信贷记录人数主体的信用卡客户征信信息,对推动我国征信体系的建设和完善发挥了不可替代的重要作用(见图10-10)。

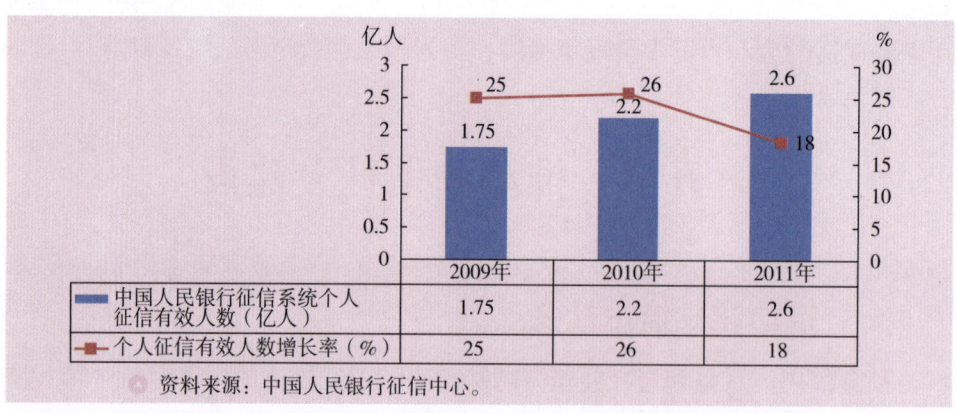

|图10-10| 2009—2011年中国人民银行征信系统个人征信有效人数及增长率

二、方便百姓生活，提升商业企业价值

信用卡的使用从支付角度体现了低能耗、低污染、低排放的绿色低碳经济发展模式，降低了使用纸币对森林资源的消耗，控制了通过纸币传播的疾病。人们无须携带大量现金就可以方便安全地刷卡购物，足不出户就可购物、订票、缴纳各类日常费用。在享受便捷支付的同时，节省了交通及时间成本，并且从信用卡消费信贷、积分、消费打折中获得了切实的优惠。

信用卡的使用减少了受理商户的现金管理成本。商户通过受理信用卡避免了收取现金所带来的安全隐患，降低了现金犯罪案件的发生率。信用卡还提高了商户资金的周转率。商户受理信用卡，不仅在消费结算时交易速度更快，而且款项入账及时、账务清楚，方便商户调度资金，有助于商户提高资金的周转率，满足了消费者多样化的支付需求，提升商户形象，帮助商户在市场竞争中建立优势地位。信用卡产业在当前中国的经济背景下，其扩大消费、拉动GDP增长、减少现金支付成本、促进经济结构调整和创造就业机会等方面的作用将日渐凸显。不仅如此，信用卡产业对促进电子商务发展、推进全社会诚信体系的建立、方便百姓生活、提升商业企业价值等方面也起到不容忽视的积极作用。需要政府和全社会大力鼓励和扶持，促进其进一步发展，为国家作出更积极的贡献。

第十一章

2011年我国各发卡行社会责任状况

2011年，我国信用卡各发卡行积极贯彻重视社会责任的发展理念，通过发行公益类信用卡产品，致力于抗震救灾、扶贫帮困；还通过建立公益基金、捐款捐物、参与志愿活动等多种形式，积极履行社会责任。

第一节 各发卡行公益卡介绍

发卡行以发行公益类信用卡产品致力于抗震救灾、扶贫帮困，并打造志愿者活动品牌，加大志愿者团队建设，鼓励员工积极参与形式多样的志愿者活动，通过开展助学支教、帮助弱势群体、植树造林等送温暖、献爱心活动，逐步建立起志愿活动长效机制。

2011年各发卡行的公益类信用卡中，有以帮困扶贫为主要捐赠方向的"中国红"慈善信用卡、壹基金信用卡、中信真爱梦想公益信用卡、光大母亲水窖信用卡、兴业银行中国心信用卡、北京银行大爱卡等产品，有以文化扶持为目标的民生银行敦煌艺术保护卡、中信银行易宝支付公益联名卡，有以低碳环保为核心的金穗环保卡、建行红松龙卡、光大银行绿色零碳信用卡。农业银行、交通银行、光大银行、深圳发展银行等推出使用新型环保材料制作的公益类信用卡。此外，各发卡行还通过鼓励使用电子账单等形式，倡导绿色低碳金融服务。

表11-1 各行公益卡种及介绍

银行	公益卡种	公益卡介绍
中国工商银行	牡丹金山卡	为中国农业发展银行和农资企业积极提供信用卡结算和POS收单服务，培养农业发展银行员工、农资企业员工和农产品经营者的信用消费理念，协助提升农业发展银行和农资企业财务管理水平，实现了商业银行、政策性银行、农资企业、农户的多赢。
中国农业银行	金穗环保卡	与中华环保联合会合作发行金穗环保卡，卡片以环保新型可降解材料制成，提供免费环保问题咨询，持卡人还可优先参加环保公益活动、享受数百家健康商户优惠、积分兑换环保类礼品。
中国银行	中银蒙牛爱心卡、全民健身卡、公积金信用卡	1.中银蒙牛爱心卡：为充满爱心的客户提供了展示关爱的平台。每新增一名持卡人，将捐款1元；每进行一笔交易，中国银行将捐款0.01元。消费取现还会累计"爱心积分"，可用于捐赠牛奶给公益小学。 2.全民健身卡：国家体育总局特别授权，向持卡人提供丰富多彩的运动健身体验。 3.公积金信用卡：与河北省沧州市等地区公积金管理中心合作发行符合PBOC 2.0标准的信用IC卡，可方便在职员工查询、支取公积金。
中国建设银行	孔子龙卡、桂林山水龙卡	1.孔子龙卡是建设银行与中国孔子基金会联合发行，旨在弘扬孔子及儒家文化的联名卡。建设银行每年将按孔子龙卡信用卡持卡人消费额的万分之六捐赠给孔子基金会，支持和发扬孔子及儒家文化事业。 2.桂林山水龙卡面向热爱旅游、关心环保和关注桂林的符合建设银行信用卡发卡条件的客户群体发行。建设银行定期将持卡人有效消费的1‰返还至"漓江保护基金"账户，用于漓江保护系列活动。
交通银行	世博信用卡	世博信用卡的卡片材料使用新型环保材质，倡导使用电子邮件及电子账单服务。
中信银行	中信真爱梦想公益信用卡、易宝支付公益联名卡	1.中信真爱梦想公益信用卡是中信银行携手真爱梦想公益基金会发行，包括志愿者卡和认同卡，鼓励持卡人参与真爱梦想组织的公益活动并提供保险支持。持卡人还可捐赠积分，持卡消费中信银行即捐赠0.01元。 2.每成功发行一张易宝支付联名卡，易宝支付将向中国华侨经济文化基金会捐赠1元人民币，在线支付一笔则捐赠1分人民币。
深圳发展银行	1.深发展平安人寿联名信用卡 2.深发展i车信用卡	深发展平安人寿联名信用卡与深发展i车信用卡均采用国际新型可降解材料制成，卡片降解后形成水和二氧化碳，避免带来白色污染，让客户享受贴心服务的同时，也能为环保贡献一分力量。 2.携手深发展环保信用卡代言人李冰冰，举办"深发展3 000辆单车低碳出行"等环保活动，着力打造深发展环保信用卡品牌，履行环保、低碳社会责任。

续表

银行	公益卡种	公益卡介绍
中国光大银行	母亲水窖爱心信用卡、绿色零碳信用卡	1.母亲水窖公益活动是针对全体持卡人推出的公益活动。持卡客户每成功刷卡一笔,光大银行就捐出1分钱。 2.绿色零碳信用卡采用可回收材料,可在线计算碳排放量,邀约客户参加购碳计划,建立碳信用档案,提供电子账单及高额出行意外险。
招商银行	壹基金爱心信用卡	招商银行联手壹基金发行。持卡人每申办一张壹基金爱心卡,招商银行将捐赠人民币1元;每刷一笔壹基金爱心卡,招商银行捐赠人民币0.1元。
兴业银行	中国心信用卡	2008年兴业银行发行的全国首张爱国主题信用卡——中国心信用卡,同时启动"中国心信用卡公益计划"。每年通过扶贫基金会对老少边区贫困学校进行捐助。2011年,"中国心公益计划"爱心再度为福建省龙岩市长汀县汀师附小(又名黄屋小学)的所有贫困学生提供了爱心包裹,解决了孩子们的学习文具短缺问题。
中国民生银行	民生敦煌艺术保护金卡	为进行敦煌保护,中国民生银行限量发行"敦煌艺术保护卡",客户申请激活后,民生银行即代为扣缴人民币100元,作为保护和修复莫高窟的慈善捐款,捐赠给中国敦煌石窟保护研究基金会,基金会将把该款项拨付给敦煌研究会,专向用于敦煌莫高窟的保护和修复。捐赠完成后,持卡人可以在卡片有效期内凭卡免费参观莫高窟景区,饱览敦煌艺术。
中国邮政储蓄银行	世园联名信用卡	中国邮政储蓄银行作为2011年西安世园会指定银行,携手西安世园会共同推出世园联名信用卡,展现了中国金融机构整体服务形象的任务和使命。
北京银行	大爱卡	北京银行于2009年发行的慈善信用卡——大爱卡持续受到客户与行业的关注。通过其卡片独有的慈善捐赠功能——申卡爱心捐赠、消费爱心捐赠及捐款绿色通道,累计向社会捐赠的善款总额超过110万元。

第二节 各发卡行公益活动介绍

信用卡发卡行除了发行公益类产品外,还通过建立公益基金、捐款捐物、参与志愿活动等多种形式,积极履行社会责任。兴业银行、中信银行、浦发银行与北京银行都积极参与以儿童、老人为服务对象的志愿者活动;深圳发展银行、兴业银行则以建立环保基金、组织公益活动等方式,积极参与低碳环保公益;中国民生银行信用卡中心通过援建西部山区希望小学,关注祖国下一代的健康成长;中国光大银行开展了关注青少年成长、建设西部母亲水窖以及提倡与普及低碳环保等方面的社会公益活动。

同时，发卡行通过多种渠道关注消费者在信用卡方面的消费需求，完善客户服务响应机制，大力推动消费者金融知识普及和权益保护，积极参与全年的银行业"普及金融知识万里行"活动，大力践行公众教育服务工作。

表11-2　各行公益活动介绍

银行	公益活动
中国工商银行	与中国集邮总公司、中国国家博物馆、中国照相馆等企业开展全面收单、逸贷卡受理合作，与华尔街英语、英孚教育、新东方、环球雅思、美联英语、学大教育、ABC教育集团等文化教育机构开展了以逸贷卡为首的深入合作，充分利用工商银行广泛的客户资源、强大的渠道资源，为文化龙头企业提供更大的发展平台。
中国农业银行	2011年5月，农业银行推出"白金养生季，送书送健康"活动，活动期间，白金卡持卡人首次使用专家预约或体检服务，即可获赠由国家级中医专家编写的《九种体质使用手册》养生书籍一册；6月，农业银行在大连举办了"健康是金，金穗人生"农业银行白金卡健康专题讲座，通过健康专家生动的讲解，将养生技巧传递给广大白金卡客户，倡导健康的生活方式。 2011年8月，农业银行与中国银联在重庆签约启动"县乡农村地区银行卡受理环境共建"合作项目，结合"万村千乡"工程，积极推广银行卡助农取款等创新收单业务，逐步完善农村地区用卡环境，体现了农业银行拓宽"三农"金融服务渠道、支持农村城镇化发展、加强"三农"金融服务的经济责任和社会责任。12月，农业银行信用卡在理财周报主办的"第四届中国最受尊敬银行暨最佳零售银行"评选中获得"2011中国最安全信用卡"奖，体现了农业银行完善内控合规管理、加强金融安全、严格控制风险的社会责任；农业银行环保卡引导绿色消费、共创绿色生活理念，在2011年由《上海证券报》主办的"中国第四届金理财"评选中获得"最佳公益信用卡"奖。
中国银行	为增加青年团员的社会责任感，定期开展公益活动。2011年中国银行开展了爱心抢票——10元电影票抢购活动，将义卖所得的善款全部资助贫困学生，作为他们的助学基金，让他们能够继续快乐地读书。
中国建设银行	在国内首创为中小企业量身打造的卓越信用卡，集品牌展示、资金融通、财务管理、商务差旅、消费金融等全方位金融服务功能于一体，为广大中小企业提供一揽子的金融服务，切合国家扶持中小企业发展的战略，展现大行风范和高度的社会责任感。以卓越信用卡为载体，与中小企业协会、工业与信息化部和中国银联等单位合作，在长三角、珠三角等中小企业较为发达的地区举办了多场卓越企业发展论坛，邀请专家、学者和600多位优秀经营者，共同探讨中小企业发展，成为政府、银行以及广大中小企业共同交流企业发展的平台，促进中小企业发展。
交通银行	交通银行秉承持续百年的优良传统，响应"绿色金融"的要求，把保护环境作为自己应尽的责任和义务，提倡低碳和环保，积极鼓励持卡人使用更加环保的电子账单。 2011年"八一建军节"前夕，交通银行信用卡中心党工团相关人员前往上海东方体育中心，亲切慰问肩负第14届国际泳联世界游泳锦标赛安保工作的武警上海市总队某支队的官兵们，并为战士送上防暑降温用品。

续表

银行	公益活动
中信银行	中信信用卡启动"自信筑梦 精彩未来"——中信"爱·信·汇"公益计划,为深圳市宝安区民办学校元芬小学捐建"梦想中心",并资助来自四川和深圳等地贫困地区和农民工子弟学校的孩子参观游览北京故宫。
华夏银行	华夏银行信用卡中心重视推动绿色环保活动,提倡低碳生活。为减少纸张浪费,减少树木砍伐,推行绿色账单。目前发送绿色账单量已超过1/4。为推动绿色环保,信用卡中心承担较大的成本,在部分信用卡品种试用环保材料制成的卡片。2011年4月16日,华夏银行信用卡中心组织团员和员工到怀柔区桥梓林场营建"华夏信用卡中心共青林",为营造首都优质的空气质量作一份贡献,通过植树活动,员工受到了一场生动的环保教育。
广发银行	广发希望慈善基金举行宁夏慈善行活动。广发希望慈善基金在2011年公布了自成立以来所有慈善项目的善款使用明细,主要希望以此举帮助推动中国慈善事业的透明化、阳光化。
深圳发展银行	2011年9月,携手深发展环保信用卡代言人李冰冰,举办"深发展3 000辆单车低碳出行"等环保活动,着力打造深发展环保信用卡品牌,履行环保、低碳社会责任,并荣获了"环保最佳信用卡"、"最受商旅精英欢迎的环保信用卡"等荣誉称号。第26届深圳世界大学生运动会期间,深发展信用卡为大运会提供全方位公益性金融服务,被深圳市银行同业公会授予"深圳银行业大运金融服务先进集体"称号。
中国光大银行	2011年,光大银行信用卡中心举办了"光大·爱心宝宝——七彩阳光全国青少年才艺展评"活动。该活动横跨13个城市赛区,5万家庭亲情加入,受众人群达5 000万人,各城市分赛区及全国总决赛所有捐款通过光大银行全部用于西部缺水地区母亲水窖的建设,捐款总额逾67万元。该活动致力于大力弘扬青少年艺术素质教育,充分关爱青少年成长健康,同时将青少年才艺展示与"大地之爱·母亲水窖"公益项目有机结合,目的在于使青少年通过参与比赛直观了解我国西部的缺水状况,培养其参与公益事业的意识,积极支援西部缺水地区母亲水窖的建设。除此之外,2011年6月,光大银行信用卡中心联合北京环境交易所共同举办"2011年低碳论坛——中国企业自愿减排排行榜",进行低碳环保倡导与普及。
招商银行	打造壹基金信用卡捐款平台,捐款金额累计超400万元;1天义工体验活动,探访广州智障儿童;定点帮扶云南武定、永仁两县文化扶贫活动;"爱我生命之源"净滩活动。
上海浦东发展银行	积极组织志愿者,参加上海"蓝天下的至爱"募捐活动,并参与了由JA组织发起的"JA中国事业起航工作坊"的活动,走进了上海理工大学中英工商学院,带给在校大学生一场关于职业发展及模拟面试的精彩演示。 消费者用卡教育活动:在媒体刊载宣传安全用卡的消费者教育类文章、参加"2011年上海征信专题宣传月"活动。 浦发信用卡彩信账单上线,推广低碳、环保的消费潮流。

续表

银行	公益活动
兴业银行	组织推进"点滴改变，从志愿做起"义工活动，主要包括儿童服务与老人服务两方面。儿童服务方面，志愿者奔赴儿童福利院、致康园康复中心对病儿、脑瘫儿童实施关爱的爱心活动；同时与"热爱家园"连续开展了两期旨在帮助务工人员子弟获得更多的教育资源的爱心助教活动。老人服务方面，信用卡中心组织志愿者奔赴上海法华颐养院开展炎热酷暑送清凉活动，陪孤独老人们聊天，并为他们送去了防暑降温用品；赴北蔡敬老院开展了"活力兴业、关爱夕阳"的敬老活动。 2011年4月22日，兴业银行信用卡中心所设立的公益性基金"低碳乐活基金"于当日集中购买自愿碳减排量1 108吨，以此作为对"地球母亲"的一份特殊献礼。截至2011年11月，中国低碳信用卡累计发卡153 067张，累计购买碳减排量超过3万吨，与此同时，中国低碳信用卡持卡人购碳资金有力地支持了湖南东坪72兆瓦水电碳减排项目、广东省下坪垃圾填埋气收集利用等碳减排项目，实现了低碳行动的承诺，减少温室气体排放。 组织开展狼牙山八一希望小学捐助活动，此次爱心卡中心共筹集可供师生们使用的旧电脑5台、共133人次募捐善款16 960元，368人次捐赠物资1 617件。5月开展"一份兴业爱心"活动，员工自发捐款资助广西百色老区委果小学继续开办学生早餐，让贫困儿童在每天早晨能吃上热气腾腾的早餐，为困难儿童送去温暖。
中国民生银行	中国民生银行信用卡中心通过援建西部山区希望小学，关注祖国下一代的健康成长。2008年5月12日四川省汶川地震，造成四川多数地区伤亡惨重。民生银行信用卡中心迅速响应，于2008年6月加入"希望工程紧急救灾劝募行动"，同中国青少年发展基金会签署捐赠协议，以短信捐款形式向持卡人募集捐款69万余元，援建灾区苍溪县双河乡小学。截至2011年末，共募集捐款378万元，用于捐建希望小学宿舍楼等项目。 信用卡中心员工连续多年捐款定点支持贫困地区的教育事业，一年一度开展对河南滑县、封丘县和甘肃省临洮县、渭源县的教育扶贫捐资工作。
中国邮政储蓄银行	中国邮政储蓄银行作为2011年西安世园会指定银行，不仅承担着世园园区内外各项基础金融工作，还肩负着展现中国金融机构整体服务形象的任务和使命，并携手西安世园会共同推出世园联名信用卡。
南京银行	安全用卡宣传，旨在积极营造安全、高效、便捷的信用卡市场环境，引导广大用卡客户能更好地了解和掌握信用卡安全使用知识，正确使用信用卡，有效防范信用卡业务风险。督促和指导银行业金融机构进一步加强信用卡各业务环节的操作规范和风险管理，不断提升信用卡业务的服务质量。
深圳发展银行	作为"百万森林"项目中国区企业推广大使及2010年度杰出合作伙伴，深圳发展银行信用卡中心一直致力于绿色环保行动，为了鼓励持卡用户在餐饮中选择绿色消费，发起"绿色联盟"，践行绿色经营理念，打造"绿色环保企业"；举办环保慈善拍卖午宴，拍卖李冰冰设计的环保餐具，倡导循环再用。

续表

银行	公益活动
平安银行	为响应集团爱心号召，平安信用卡商城于2011年10月至11月开展"平安商城 爱心厨房"活动。通过开展购物专区，客户每在专区购买厨房用品一件，平安银行都将为希望小学捐赠爱心饭盒一件，把爱的阳光带给他们。2012年，商城将会积极响应集团公益安排，致力于公益活动，支持山区希望小学。 在提升消费的同时，加大宣传深发展环保理念，特别联手李冰冰设计特别版自行车，活动共送出3 000台环保折叠自行车。以实际行动支持持卡人减少碳排放，在持卡人中广泛倡导低碳环保的时尚生活概念，同时提升信用卡的环保品牌效应。 平安银行对平安希望小学梦想中心的援建一直在进行，2011年筹集的员工爱心基金达25万元。这间集图书室、电脑室、多媒体功能为一体的梦想中心教室，配备了约5 000册的图书，连接多媒体的电脑、电视、DVD数码产品。不但为平安希望小学提供硬件升级装备，也通过多媒体的演示途径，为学校知识供应系统提供多样性的选择。

机构篇

中国信用卡产业
发展蓝皮书(2011)

第一章

中国银联[1]

2011年是中国银联自成立以来走过的第十个年头。在这波澜壮阔的十年中，银联的综合实力显著增强：有效履行了联网通用的历史使命；建成了具有自主知识产权的银行卡跨行交易清算系统；创建了我国银行卡自主品牌；构建了全球受理网络的基本框架；引领推动了银行卡产业，惠及了经济社会。2011年中国银联各项业务依然保持较快增长，进一步加强、巩固与商业银行的关系，受理网络更加完善，国际化保持良好势头，系统运行质量保持基本稳定，银行卡组织职能有效履行，产品与服务创新也取得了新进展。

一、2011年业务发展概况

银行卡跨行交易金额达15.9万亿元，同比增长42.0%；跨行交易笔数达103.8亿笔，同比增长22.8%。全国联网商户达311万户，同比增长42.6%；全国联网POS终端达471.9万台，同比增长41.5%；全国联网ATM达35.8万台，同比增长32.1%。境外受理银联卡的国家和地区增至124个，银联卡可以在境外106个国家和地区的ATM网络，以及超过74个国家和地区的POS终端网络上使用。

---

[1] 机构篇内容均由各成员机构提供。

（一）进一步加强、巩固与商业银行的关系

采取多种措施，与商业银行加强战略性合作。特别是在自主品牌银行卡推广、PBOC金融IC卡迁移业务、互联网支付和手机支付等创新业务，银行卡高端产品开发、受理市场建设以及国际业务拓展等方面加深合作，对合作共赢的产业格局达成共识。

（二）受理网络更加完善

在中国银联与各家商业银行的共同努力下，国内受理市场建设不断深化。东部地区受理市场规模仍保持领先，西部地区受理市场规模拓展加速，增速超平均水平。受理网络加快向二级地（市）和县域延伸，二级地（市）受理市场规模以及商户拓展速度均快于中心城市。

2011年，金融IC卡受理环境建设工作全面展开。在基本完成POS终端接触式受理改造的基础上，加强非接触式受理市场建设力度。截至2011年末，近62万台POS机支持非接触式支付。同时，积极推动ATM、自助终端、互联网、手机、机顶盒、柜面通等多种渠道的IC卡改造工作。金融IC卡已经在社保、铁路行业有所应用，与医疗、教育行业的合作顺利起步。

（三）国际化保持良好势头

一手抓规模扩大与市场深化，一手抓国际业务转型，银联国际化保持良好势头。2011年，银联卡在境外受理的市场范围继续扩大，受理商户和受理终端主要集中在中国出境游客经常光顾的地区和商户，银联境外受理网络进一步向非洲等地区渗透。截至2011年末，银联境外受理市场总数超过120个，银联卡已经可以在境外106个国家和地区的ATM网络，以及超过74个国家和地区的POS终端网络上使用。同时，业务本地化稳步推进，境外发卡重点转向当地持卡人。新增4个国家和地区发行银联卡，新增发卡302万张。我国港澳地区、韩国等重点市场基本实现本地化受理。

(四)系统运行质量保持基本稳定

2011年是银联第二代系统全面建成的收官之年,市场推广效果逐步显现。针对系统边建设、边运营、边上收的特点,坚持第二代系统建设与系统安全运营两手抓、两手硬。强化"安全重于天"的意识,全面做好第26届世界大学生运动会用卡保障工作。全年交易成功率稳定在99%以上。

(五)银行卡组织职能有效履行

在增强市场竞争力的同时,积极履行银行卡组织职能,公信力进一步提升。一是规则进一步完善。业务类型规划规则落地工作基本完成,初步建成覆盖面对面、非面对面业务的规则体系,技术落地及联网联合技术规范V2.1推广工作有序推进。新发布12项业务规则、11大类24项技术标准。二是受理市场秩序得到维护。发挥受理市场规范长效机制作用,违规商户整改率达到99.7%。三是风险管理和服务效果进一步显现。健全多层次风险服务体系,开展风险培训150多期。配合公安部,圆满完成银行卡犯罪"2011—天网"专项打击行动。

二、新增产品及服务

(一)产品创新

1. 互联网业务。

一是初步建成无卡支付交易平台。为互联网支付、移动支付等创新支付发展创造了条件。目前,贷记卡完成全部18家全国性银行技术上线,其中17家完成业务上线。国内所有发行贷记卡的83家商业银行开放无卡支付通道。

二是互联网业务取得较大突破。市场拓展打开局面,依托无卡支付交易平台,推出"银联在线支付"产品,提供包括网上信用卡还款、便民缴费、机票预定、跨行转账和基金理财等服务,初步形成互联网支付的卡组织转接模式。

三是银联在线商城支持境内外购物。银联推出在线商城购物，并联合境外主流银行卡收单服务机构，推出互联网跨境购物支付业务，持卡人能享受"足不出户，网购全球"的安全与便利。目前，支持银联互联网认证支付系统的境外网上商户主要分布于中国香港、日本、美国等市场，支付设计货币达10多种。

2. 移动支付业务。坚持"银行账户、金融标准"为主导的移动支付发展模式，发布移动支付企业标准，推出移动互联网支付产品和NFC—SD卡移动支付产品。

3. 智能电视支付。2011年，智能电视支付开始起步，智能电视支付业务上线，启动试点，并发布了智能电视支付企业标准。

（二）服务创新

建成商户服务平台。为商户提供对账报表、交易查询、事件申报、差错申请等服务。银联分公司借助二代联合营销服务平台的联盟积分、实时抽奖、自动折扣、签购单打印、收银员积分等营销工具，联合商业银行和商户不定期开展各类营销活动。不断丰富持卡人服务渠道和内容，95516银联客服电话、"unionpay.com"网站和短信平台，全面满足持卡人需求。

三、互联网业务的发展

2011年，中国银联无卡支付平台建设取得成效。完成18家全国性银行信用卡技术上线，其中17家完成业务上线，区域性商业银行、外资银行及储值卡发卡机构也迅速接入。

互联网支付业务加速发展。数百家重点网上商户签约接入，逾千家线下商户搬到线上，打开了市场拓展的局面。同时，成功推出"银联在线支付"业务，商户数和用户数发展势头良好。

移动支付业务取得新的进展。产品体系、商圈接入和渠道合作有序展开，业务体系日益健全。与建设银行、华夏银行等全国性银行以及重庆农村商业银行、无锡农村商业银行等区域性银行进行合作，市场推广不断深入。

四、风险管理

中国银联联合各家商业银行开展了一系列卓有成效的工作，使得信用卡产业发展的环境明显改善，欺诈风险得到有效遏制，信用风险明显好转。

一是配合公检法出台《关于信用卡诈骗犯罪管辖有关问题的通知》，解决了持卡人和发卡行不能在本地报案而产生的报案难、成本高，以及不能及时立案打击犯罪分子的难题。银联在2011年受邀成为中国法学会检察学研究会金融检察专业委员会唯一的金融机构非主管部门理事单位，同时风险管理部专家受邀担任上海高级法院金融审判庭专家咨询员，不断扩大银联在司法领域和社会中的影响力。

二是积极配合人民银行、公安部开展打击银行卡犯罪专项行动工作，推动银行卡法律环境持续改善。配合、协助公安部圆满完成"天网—2011"打击银行卡犯罪专项行动。组织银行移送案件线索1万余条，协查案件1.7万余起，协助公安机关破获多起重大案件，挽回经济损失4亿元，严厉打击境内外各类银行卡犯罪，排除大量风险隐患，使以往高发的虚假申请、套现、伪卡冒用等犯罪空间受到重度挤压。

三是协助公安部建立"搜索引擎排名安全保护"机制，要求国内主要搜索引擎运营商保证对银联等主要金融支付机构官方网站的搜索结果进行非商业竞价排名而固定首位的特殊措施，大大增强消费者网上支付的安全性。

四是紧密结合全国各地实际情况，开展117场多种形式的银行卡安全和法律知识宣传普及活动，发放各类宣传品4 000余万份，宣传品投放量比2010年增长近5倍；连续两年联合公安部、成员机构开展"放心用卡，安全支付"在线调查活动；与公安部、中国人民广播电台联合举办全年"安全用卡"公益宣传，利用"中国之声"频道每日早、晚高峰期滚动播出安全用卡提示。

五是受理市场突出风险问题的防治与管理得到有效强化。在巩固上年专项治理商户套现所取得成果的基础上，建立套现商户风险分级提示和管理制度，有效提升发卡和收单机构套现案例调查效率。启动对高危商户收单机构处罚、通报工作，明确"套现高风险商户"和"高风险商户"定义及处罚规则和操作流程。全年累计采集发卡机构报送欺诈和套现数据18.58万笔，涉及金额30.59亿元，收单机构调查处理预警级以上商户风险案例23.23万例，其中确认欺诈商户案例2.19万例，关闭风险商户交易4 614户。进一步完善跨境风险联合防范工作机制，两岸四地风险管理合作交流进一步密切，跨境CPP侦测、大额交易通报和跨境案件协查等工作进一步深入。

六是中国银联联合产业各方建设的风险信息共享系统，在帮助信用卡发卡端和受理端防范风险方面发挥了极为重要的作用，风险信息共享系统实现了和成员银行后台系统的直接对接，提供多方位的不良信息查询和风险监控服务。2011年共向成员机构提供风险信息查询6 800余万次，撰写风险报告22万余份。今后，中国银联将不断拓展风险信息共享的应用，提升风险信息系统功能，为信用卡产业各方提供更好的信息共享平台信用卡风险服务。

五、社会责任

银联始终坚持把引领、推动建设强大、自主的银行卡产业作为历史使命和社会责任，在谋求自身发展的同时，引领、推动产业发展，服务经济社会，惠及人民群众，赢得了党和政府、产业各方、社会各界的肯定和好评。

一是积极推动银行卡在二级地（市）和农村地区的受理市场建设。中国银联联合产业各方不断完善受理市场联合共建机制，不断丰富农村地区银行卡服务内容，深入开展农村地区银行卡知识宣传。截至2011年末，全国二级地（市）直联POS终端总量已达到129.3万台，全年跨行交易笔数为19.1亿笔，交易金额51 760.9亿元，分别占到全国跨行交易笔数和金额的37.3%和42.0%。

二是推出银联福农卡产品，改善和提升农村地区的金融服务水平。该卡主要包括福农借记卡、福农准贷记卡和福农贷记卡，具有小额循环贷款和涉农商圈专享服务两项显著特色。2011年，福农卡跨行交易笔数为344.9万笔，交易金额为43.2亿元。

三是联合各家银行推广农民工银行卡特色服务，为外出务工群体提供便捷的支付服务。截至2011年末，全国共有203家银行和近9万个县乡农村金融网点开通农民工银行卡特色服务，累计实现取款交易金额575亿元。

四是积极推动与商业银行的合作，发展公务卡业务。中国银联响应财政部发布的《关于实施中央预算单位公务卡强制结算目录的通知》（财库〔2011〕160号），大力推广公务卡。公务卡具有保护政府支出金融信息安全、提高支付透明度、便于监控管理等特点，不仅方便持卡人，而且可以是加强财政财务管理的重要手段。

第二章

中国工商银行

一、2011年业务发展概况

2011年发卡量达到7 065万张，同比增长11.0%；消费交易额9 765亿元，同比增长53.0%；卡均消费交易额1.4万元。年活卡量2 925万张，年活卡率41.9%，受理商户数58.8万户，未偿信贷余额1 783.6亿元，90天以上不良贷款率1.09%，180天以上不良贷款率0.68%。

二、新增产品及服务

2011年，工商银行新发逸贷信用卡、尊尚白金信用卡、工银运通白金卡、工银东航联名卡四款全国性信用卡产品。

逸贷信用卡是工商银行发行的一款面向大众、连接商户，可直接用于消费的信用卡产品，是国内首张专用消费分期的信用卡。客户在工商银行指定商户直接使用逸贷信用卡进行刷卡消费，分期付款，无须再到银行办理审批手续。逸贷信用卡具备六大优势：一是使用范围"广"；二是优惠幅度"大"；三是量身定制"准"；四是交易流程"快"；五是分期方案"优"；六是还款选择"多"。2011年，逸贷信用卡发卡量1 109 634张，消费额15.38亿元，开卡率32.04%。

尊尚白金卡是工商银行与中国银联合作发行的国内首款尊尚系列白金信用卡。尊尚白金卡提供人民币单账户，可在境内外带有银联标识的特约商户和ATM上使用。持卡人除可尊享工商银行白金卡基本服务外，还可享受银联白金卡秘书、高尔夫畅打、白金卡俱乐部活动等一系列高附加值尊荣服务。2011年，尊尚白金信用卡发卡量22 819张，消费额9.38亿元，启用率53.82%。

工银运通白金卡是工商银行与美国运通公司合作在中国大陆推出的首款美国运通品牌白金卡。持卡人可免费享受医疗与旅行援助服务、24小时健康专线服务、管家服务、高尔夫5S服务、专属旅游服务、白金卡俱乐部服务、境内外机场贵宾厅等一系列尊贵服务。2011年，工银运通白金卡发卡量810张，消费额3 165.62万元，活卡率52.59%。

工银东航联名卡为工商银行与中国东方航空股份有限公司合作推出的工银东航联名卡，以全品牌、全介质、全等级、全币种策略满足客户用卡需求。该卡集工银信用卡与东航东方万里行会员卡功能于一身，除满足信用消费、转账结算、存取现金等金融功能外，还为客户提供保险赠送、双重积分等增值服务。2011年，工银东航联名卡发卡量149 897张，消费额10.94亿元，活卡率27.11%。

三、网上银行的发展

（一）网上商城发展情况

工商银行网上商城始建于2006年，为买卖双方提供了商品及服务的交易平台，并可直接进行在线支付。工商银行商城坚持品牌化发展的经营理念，不断优化产品结构，持续加强商户管理与风险控制，提升商城品牌知名度。目前入驻工商银行网上商城的商家涵盖了机票、充值、游戏、电器、百货、珠宝等多个行业领域。在商品种类不断丰富的同时，商城功能日益完善，页面用户体验更加友好。

目前特色板块主要包括分期业务和"特惠价"栏目。其中，分期付款作为银行的优势支付手段已被广大客户认可并使用，2008年工商银行商城"分期专区"上线，随着分期业务的不断成熟，分期商品持续丰富，受到客户的广泛欢迎。商城特色专区"特惠价"栏目将种类丰富的商品以优惠的价格推荐给客户。

（二）网络支付业务发展情况

目前工商银行为客户提供的网络支付业务主要包括依托工商银行电子银行系统，为电子商务交易的买、卖双方提供的在线资金支付服务。在网络支付业务方面，工商银行已推出支持网上银行、电话银行和手机银行全渠道的B2B、B2C、C2C、B2B信用支付，以及电子商务B2C分期付款等支付服务解决方案。在电子商务商户发展方面，目前工商银行商户总数超过2 000家，其中交易额排名靠前的商户主要是非金融支付机构和各大航空公司。2011年全年，工商银行网银渠道的B2C交易金额为2 471亿元。

四、风险管理情况

（一）委外公司的数量

截至2011年末，工商银行共有27家一级（直属）分行开展了信用卡合作催收业务，信用卡合作催收备选名单共包含90家合作单位。

（二）风险管理的具体措施

1. 对客户实施风险总量控制。根据银监会颁布的《商业银行信用卡业务监督管理办法》的相关规定，对持卡人名下的多个信用卡账户额度进行合并管理并设定总授信额度上限，个人信用卡业务实现了以客户为单位的信用卡总额度管理，初步实现"一个客户一个额度"的风险控制模式。

2. 加强风险量化管理。根据监管机构的要求，充分应用内部评级评分作为授信审批的核心依据；投产应用了信用卡反申请欺诈模型，有效提高外部欺诈风险的防控能力，规避操作风险。

3. 完善系统功能，实现授信管理的自动化、硬控制。工商银行应用信用卡额度管理系统，将额度动态管理业务纳入系统处理，提高业务处理效率，奠定以客户为单位的总额度管理的系统基础。

五、社会责任

2011年，工商银行继续秉持"一切为了持卡人"的服务理念，坚持践行大行的社会责任，积极推进产品、科技和服务创新，切实提升信用卡产品和服务品质。

工商银行积极响应国家"扩内需，促增长"的宏观政策，在全国范围内大力推广信用卡分期付款业务。4月，推出国内首张分期付款专用信用卡——逸贷卡，进一步延伸了信用卡的消费信贷功能，为居民消费提供了便利，对拉动居民消费的作用日趋明显。充分发挥芯片卡领域的技术领先和市场先动优势，加快推进白金芯片卡、交通卡、ETC高速公路联名卡、手机信用卡等项目，将芯片卡应用拓展至公共服务、社会生活等诸多领域，提升卡基支付的安全性和便利性。结合我国着力推进战略新兴产业发展的新要求，加快与文化、教育、旅游、婚庆等发展前景好、客户覆盖广、风险可控性强的新兴产业发展信用卡消费贷款业务，为战略新兴产业提供优质的信用卡融资服务。

大力拓展短信、网银等信用卡服务渠道。在同业首创"各时段均匀接听"的电话中心运营理念，实现全天24小时接听率平稳，20秒接听率离散系数达到0.03，大大优于0.05的国际标准，显著提升客户体验。推出信用卡短信客服，通过短信平台全面受理咨询类和查询类业务。截至2011年末，短信客服注册客户已达到52万户，短信客服业务量已经占电话中心来电量的30%，短信客服满意度超过90%。不断优化信用卡网银功能，开通个人客户和集团客户网上办卡、网上对账等网银服务,实现24小时信用卡网银在线客服,有效地提升了服务效率和便捷性。建立"国内首创、同业领先"的信用卡客户服务模式,从白金卡客户中甄选出具有较高社会影响力和资产实力的重要客户,为其提供差异化高端服务。为全部重要客户配备客户经理,实现24小时"一对一"专属服务。

第三章

中国农业银行

2011年,农业银行信用卡业务顺应了上市后面向市场、强化经营的发展需要,根据零售业务转型的统一部署,以挖掘内外部客户为突破口,以发展分期业务为着力点,持续扩大客户规模,不断提升收益水平,有效控制业务风险,实现又好又快发展。

一、2011年业务发展概况

全年信用卡累计发卡量3 100万张,其中当年新增652万张,同比增长26.6%;信用卡透支余额达1 003亿元,列五大国有股份制商业银行第二位,较年初增加624.8亿元,同比增长164.3%;信用卡交易额达到6 262.6亿元,交易笔数达1.83亿笔,卡均交易额达到22 576元,其中贷记卡交易笔数为1.65亿笔,同比增长43.3%;信用卡消费额4713.6亿元,同比增长98.0%,增速居五大国有股份制商业银行首位;卡均消费额达16 991元,列五大国有股份制商业银行第一位;农业银行贷记卡活卡量为1 023.1万张,活卡率达38%,较上年末增加1.5个百分点;收单商户总量达到42.9万户,同比增长25.4%,活动商户数36.8万户,居同业第一位;信用卡透支不良率为0.87%,较年初下降0.44个百分点,远低于行业平均值。

二、新增产品及服务

2011年,农业银行信用卡中心在现有产品的基础上,加大研发创新力度,于4月推出农业银行首张IC卡——张家界旅游IC贷记卡;9月上线标准IC贷记卡,积极筹备银联IC白金卡和区域性联名IC卡发卡,同时加快IC卡受理环境改造,全行已完成对系统前置的升级以及POS终端改造。积极研发钻石卡、欧元卡、澳大利亚元卡等新项目,推出金穗乐分卡。

在联名卡发行方面,截至12月底,农业银行共推出了涵盖商旅、百货、地产、动漫、汽车等行业的金穗Xcar联名卡、金穗海航联名卡、金穗维也纳联名卡、金穗携程旅行信用卡、金穗银联碧桂园信用卡、金穗银联惠通汽车俱乐部信用卡、金穗喜羊羊与灰太狼联名卡、金穗DQ冰雪皇后·棒约翰信用卡、金穗世茂联名卡、金穗茂业联名卡、金穗海南国际旅游岛卡11款全国性联名卡。截至2011年末,累计发卡218.5万张,新增51.5万张,活卡率为36.44%。

三、网上银行的发展

农业银行信用卡网上商城——"购物易"于2010年正式上线,以向持卡人提供更完善的服务和更放心的商品为目标开展销售,丰富了农业银行邮购电购商品的宣传渠道。目前"购物易"展示电脑产品、家居生活、家用电器、时尚数码等八个类别近千款商品,在保证正品行货的同时,保持同业最低售价,具有较大的价格竞争优势,能最大幅度地惠利持卡人。"购物易"商品更新及时,农业银行每周调整下架商品、每月更新上架商品及价格,能够及时对当季热销和精选产品作出调整。由于"购物易"商品紧贴生活与时尚,价格低,更新快,在持卡人中口碑较好,2011年全年共成交1 020笔,计360万元。

2011年是农业银行信用卡网上支付业务的起步年,全年通过开发新的支付产品、拓展网上商户、开展促销活动等措施，满足了持卡人网上支付的需求。目前，农业银行信用卡支持网银支付、快捷支付、网上无磁无密支付，为持卡人提供了安全便捷的多种网上支付方式；已合作网上商户113家，其中包括12家非金融支付机构，开通其下属商户上万家，基本覆盖了持卡人经常支付的网上商户领域；累计使用用户约40万户，交易750万笔，交易金额约20亿元。

四、风险管理情况

2011年，农业银行信用卡业务规模保持稳步提升，整体不良风险持续下降。全年农业银行继续推进全面风险管理体系建设，信用卡业务风险管理工作有序开展，风险管控各项工作取得明显成效，确保信用卡业务"快速发展、稳健运行、风险可控"工作目标的实现。主要风控措施如下：

（一）完善制度体系建设

2011年农业银行共制定出台《中国农业银行金穗贷记卡（个人卡）申请评分应用操作规程（试行）》、《中国农业银行信用卡业务管理办法》等9项信用卡风险管理政策制度，从制度体系上进一步提升风险管理水平。

（二）加快系统和项目建设

一是推动巴塞尔内部评级项目建设，完成申请、行为、催收评分卡开发，成功实现申请评分模型的业务实施应用，有效控制了贷前风险。二是推行贷记卡催收系统（CCOS），实现集中、属地催收一体化管理。三是优化欺诈监控系统，进一步提升欺诈交易监测水平和报警交易的处理能力。

（三）强化违规套现管理，加强高额度卡的监控

一是不断优化套现处理流程，制定疑似套现账户提取规则，建立套现账户分级管理制度。二是上收套现认定和处理权限。建立总行直接认定和处理套现的标准，将普通卡的套现认定及处理权限上收至总行。三是向分行下发《关于加强套现风险管理的通知》，全行动员进一步打击信用卡套现行为；

四是重点打击高端客户套现行为，拟定了《白金卡套现调查操作流程》，加大对高端客户套现行为的打击力度。

（四）加大贷款清收力度，推动委外催收工作

一是提升集中催收管理水平，制定集中催收培训方案与合规检查方案，提高催收工作效率；二是大力推动委外催收工作，拓展属地委外催收机构队列，定期开展委外机构考核工作，从风险资产回收率与催收合规性等方面进行考核，加强对委外催收机构的监管力度，进一步提升风险资产的回收能力。2011年农业银行大部分一级分行开展了委外催收工作，涉及委外催收机构共七十余家。

五、社会责任

2011年也是农业银行认真履行企业责任，努力回馈社会的一年，农业银行信用卡中心秉承"大行德广，伴您成长"的品牌理念，在环保、"三农"、公益、民生等各领域中，实现和谐共赢。

（一）支持环保，热心公益

为积极响应和落实国家"建设环境友好型、资源节约型社会"的战略目标，农业银行继续大力推广环保信用卡，该卡以环保新型可降解材料制成。截至2011年末，农业银行环保卡共发行69万多张，并在《上海证券报》主办的"中国第四届金理财"评选中获得"最佳公益信用卡奖"。同时，农业银行携手中华环保联合会共同开展环保公益活动，倡导对健康有益、与环境友好的绿色消费方式，表明了农业银行对环保事业的高度重视，对开发、投资绿色产品与服务的支持，展现了农业银行"金融领域支持环保事业典范"的形象。

（二）面向"三农"，服务城乡

2011年8月，农业银行与中国银联在重庆签约启动"县乡农村地区银行卡受理环境共建"合作项目，结合"万村千乡"工程，积极推广银行卡助农

取款等创新收单业务，逐步完善农村地区用卡环境。同时以惠农信用卡为载体，持续加大"三农"和县域重点领域资源投入，着力扩大农村金融服务覆盖面，拓宽金融服务渠道，大力支持农业产业化和农村城镇化，为农户创建方便、快捷、周到的金融服务。截至2011年末，惠农信用卡共发行110多万张。

（三）客户至上，关注民生

2011年，农业银行推出了"白金养生季，送书送健康"和"健康是金，金穗人生"白金卡健康专题讲座等活动，介绍养生技巧，倡导健康的生活方式，为客户送去健康福音。

农业银行信用卡将以责任为先、兼善天下的理念，认真履行企业公民的环境责任、经济责任和社会责任，贯彻低碳金融发展战略，为建设环保型、友好型和节约型的绿色银行贡献力量。

第四章 中国银行

一、2011年业务发展概况

截至2011年末,中国银行信用卡累计有效卡量3 086万张,有效客户数2 359万户,活动率44%,累计有效卡量首次突破3 000万张。信用卡当年交易额4 640亿元,贷款余额894亿元,引入信用卡委外催收公司数量达到50余家,资产质量持续改善。2011年,中国银行银行卡中心努力实践信用卡业务创新发展、转型发展、跨境发展,坚持"质量 效益 品质 服务"八字方针,完善产品建设体系,提升产品功能与服务,推进中后台建设,积极开展创先争优活动,推进企业文化建设。

二、新增产品及服务

2011年,中国银行加快业务创新,不断完善产品体系建设,持续提升产品功能与服务,先后推出长城美国运通卡、英镑单币EMV信用卡、人民币泰铢双币信用卡等创新产品。长城环球通信用卡连续两年获得万事达卡国际组织"最佳产品创新奖"。

(一)长城美国运通卡

2011年,中国银行联合全球高端信用卡支付品牌美国运通面向私人银行客户推出具有身份标识功能的顶级信用卡产品——长城美国运通卡（私人银行）。该卡具备中国银行长城环球通信用卡的所有功能，包括外币交易人民币还款、附属卡交易流程控制、账单方式选择等；服务礼遇上，除享受现有白金卡各项增值服务，如机场贵宾厅、高尔夫礼遇、医疗健康、紧急救援、高额保险、商旅预订之外，还囊括了美国运通的多项海外增值服务，包括特殊活动体验、境外网络购物、管家服务、机场快速通关、全球机场豪华礼车接送、移居服务、高端会所权益、定制旅游等，力求为持卡人提供全方位、一站式的尊贵服务。

（二）长城银联白金信用卡

2011年8月，中国银行推出面向中高端客户发行符合PBOC 2.0标准的信用IC卡产品。该产品是符合银联PBOC标准的磁条与芯片的复合卡，芯片上同时具备贷记应用及电子现金应用；该产品集合了长城环球通卡的功能优势，为客户提供多种选择；在增值服务方面，除中国网点提供VIP服务礼遇外，还享有积分长期有效、免费机场贵宾厅、免费高尔夫果岭和练习场畅打、免费导医导诊服务、免费体验服务等礼遇。此外，通过银联全球商户尊尚服务平台为持卡人提供珍膳、享购、畅游、康健等方面的尊贵服务。

（三）海外发行信用卡

2011年6月，中国银行在英国推出Visa英镑单币EMV信用卡，产品种类包括个人卡和单位卡。该产品具有国际信用卡标准的透支消费、取现、循环信用、最低还款等基础功能，还具有附属卡交易流程控制、附属卡电子交易明细单、分期付款、自动转账还款等服务。2011年11月，中国银行在泰国发行首张银联品牌人民币、泰铢双币信用卡，是集透支消费、取现、循环信用、分期付款等多功能于一体的综合支付产品，为中泰商旅人士提供便利、贴心的金融服务。

2011年11月,中国银行在泰国发行首张银联品牌双币卡

三、网上银行的发展

2011年,我国在线支付市场快速增长但增幅下降。面对竞争激烈的市场环境,中国银行通过产品与服务创新积极应对,推出的网上收单创新产品包括:网上跨行收单(无卡收单)产品、移动互联网跨行收单(手机支付收单)产品、无卡跨行代收付收单产品。其中银联卡跨行收单产品在2011年6月投入使用,2011年底月交易额超过3 000万元。移动互联网跨行收单产品和无卡跨行代收付收单产品目前分别在北京地区和江西地区试点开通,在当地市场产生一定影响。

中国银行不仅保持着外卡收单业务的传统优势,还积极拓展外卡网上收单业务,确保在互联网时代继续保持这一特色与优势。截至2011年末,中国银行网上外卡收单交易额突破40亿元(含通过中银卡司MIGS平台业务量),同比增长45%。根据Visa组织数据,中国银行国内网上外卡收单业务市场份额已经超过60%,在同业占据领先地位。

中国银行自2008年7月推出邮购分期业务,业务简称"聪明购"。"聪明购"年交易量约1亿元,支付方式通常分为3期、6期、12期三种不同的分期付款方式,平均商户扣率6.5%,对于持卡人仅需支付货款,无须支付其他费用,如利息、手续费及运费等。业务模式采用银行提供宣传渠道(账单、网站、短信),全流程购物均由商户端完成,通过持卡人拨打商户热线电话,商户端采用MOTO分期的方式完成扣款。

四、风险管理情况

2011年,中国银行信用卡资产质量持续优化,资产结构日趋合理,各项风险指标进一步降低。中国银行主要通过以下风险管控措施,持续提升风险管理水平:

1. 进一步完善风险管理制度体系建设。2011年,中国银行全面贯彻落实银监会监管办法,对五级分类标准、档案管理、亲签亲访、催收管理、学生发卡准入等分别予以修订,制定了一系列管理办法并下发全辖。中国银行根据业务发展需要,出台了中高端客户发卡风险管理、网上支付业务风险管理等相关制度规范。全面推进《巴塞尔新资本协议》项目的成果应用,提升信用卡风险管理决策体系的科学性,在全国18家分行试点应用了行为评分卡,实现了根据客户不同风险层级进行动态额度管理。

2. 引入多元化外部信息渠道,持续强化风险监控,在全辖组织开展了对大额分期业务的专项自查,进一步优化资产质量,促进分期业务健康发展。中国银行启动了建立全辖个人授信催收外包库工作,在全辖统一和规范催收外包流程,通过多种形式督导分行积极开展信用卡不良资产清收、核销,以优化资产质量。

3. 加强对创新业务及流程的风险识别,采取前瞻性管控措施。中国银行一向注重管理机制与业务模式的创新,建立了以点带面的主动风险管理机制，深化风险事件联动及应急处理机制，第一时间发现问题、解决问题，有效控制风险敞口。在风险技术革新升级方面，中国银行建立起先进的反欺诈申请审批系统，实现系统自动筛选、识别欺诈申请进件，把紧欺诈风险入口关；为进一步提升对持卡人交易的安全保护，中国银行完成了欺诈侦测系统升级工作，系统运营能力及欺诈交易侦测精度大幅度提高。

五、社会责任

中国银行秉承持续百年的优良传统，在保证业务持续快速发展的同时，更加注重为客户提供安全、便捷、可靠的支付服务体验。为应对信用卡欺诈风险复杂多变的挑战，中国银行以管理机制和业务模式创新为立足点，以技术革新升级为抓手，以专业化的反欺诈交易分析专家队伍为依托，不断提升申请欺诈与交易欺诈风险防控能力，为持卡客户与商户提供随时、随地、随心的信用卡服务。

围绕着"建设一流的国际化银行"的战略目标，在彰显全球化网络优势和品牌效应的同时，中国银行积极投身于建设先进的服务模式、产品研发机制与客户满意度模型，致力为出国人士和来华商旅提供方便快捷的金融服务，并着力将中国银行银行卡打造成为国人和海外华人中高端客户的首选支付产品。

第五章

中国建设银行

一、2011年业务发展概况

中国建设银行秉持"以市场为导向,以客户为中心"的经营理念,采用"集中经营、集中管理、集中运作"的集约化经营模式以及"统一品牌和营销宣传、统一授信和风险控制政策、统一业务制度和操作流程、统一客户服务标准和规范、统一业务核算"的专业化运营模式,信用卡业务保持了健康、快速、良好的发展势头,在市场影响力、产品竞争力、风险控制力、盈利能力和客户满意度等方面表现卓越。

截至2011年12月31日,建设银行信用卡发卡量3 225万张,当年新增发卡430万张,客户数2 783万户,账户活动率58%;当年实现消费交易额5 889亿元,同比增长45%;贷款余额975亿元,同比增长76%,资产质量保持良好。针对不同客户消费信贷需求,形成购车分期、家装分期、商场分期、邮购分期、账单分期五大类"龙卡分期付"产品系列,提供网点、商场POS、互联网、电话等多种方便快捷的消费信贷渠道。其中购车分期已成为一大特色业务,2011年全国每千辆家用车中有28辆由建设银行信用卡购车分期业务提供支持。龙卡信用卡品牌在主流媒体及银行卡专业组织的评选活动中屡获好评，获得了"2011年中国年度最受欢迎信用卡奖"、"2011年度最佳满意度信用卡银行"、"2011年度中国最具传播力品牌营销效果奖"、"2011年度最具品牌影响力信用卡奖"、"年度创新欧洲旅行卡"等多项荣誉。

二、新增产品及服务

（一）世界旅行信用卡

世界旅行信用卡是建设银行面向中高端商旅人群发行的商旅类信用卡产品，依托建设银行卓越金融和携程旅行网精益服务的平台，满足持卡人商务出差、度假旅游和出国留学的用卡需求，为持卡人量身订制了多项专属特色权益：持卡人在携程预订酒店、机票将按比例累积旅行基金，信用卡积分也可兑换成旅行基金，供其日后在携程购买机票、度假产品时使用；持卡人可以以优惠价格在携程预订全球酒店、机票、度假线路和全国多个城市的"代驾租车"服务；为持卡人提供全球高额航空意外险保障，航班、行李延误险保障及境外刷卡失卡保障。

（二）龙卡IC信用卡

龙卡IC信用卡是建设银行研发推出的符合PBOC 2.0规范的金融IC卡产品。龙卡IC信用卡支持标准贷记应用、电子现金应用和行业拓展应用，除具备龙卡信用卡的各项基本功能外，还具备存储容量大、安全性高、支持多应用加载功能的特性。目前建设银行IC信用卡已在公安交通信息管理、公交一卡通、ETC高速公路等领域实现应用。其中，"福建交通龙卡"实现了驾驶员管理应用与机动车行驶证管理应用的整合，可实现机动车维修登记、辅助车辆年检、二手车交易、补换机动车牌证等福建省机动车治安管理行业应用；"三秦通龙卡"实现了高速公路缴费功能，持卡人可在陕西省高速公路MTC停车通道和ETC非停车通道享受非现金缴费的优惠与便利。

三、网上银行的发展

建设银行龙卡商城于2011年8月正式上线运营，以全面建设"零售业务信贷中心、增值业务服务中心、积分兑换中心"的电子商务平台为目标，提供网络购物、特色增值服务、消费信贷及积分兑换等多功能服务。龙卡商城向信用卡持卡人提供全场商品零利息零手续费分期业务，商品在线分期通过专用的在线分期支付接口完成，无须人工审核即可方便快捷完成分期付款；积分兑换专区提供覆盖持卡人民生领域的百余种积分礼品，实现在线联机兑换；特色增值服务为持卡人提供了机票酒店预订、演出票务购买、跨境购物等多重选择。

四、风险管理情况

建设银行始终坚持长远审慎的风险管理策略，在业务快速发展的同时，通过完善全流程风险管理机制、优化风险管理系统与工具、完善风险侦测和监控体系、加大风险账户排查和信用卡套现的打击力度等多项措施，持续提升专业化、精细化的风险管理水平。

2011年，建设银行着力构建全面的风险防控体系，持续完善风险授信政策，加强信贷审批授权精细化管理，及时优化风险侦测规则，并通过短信、账单、网站等渠道加强持卡人安全用卡宣传，提高客户主动防范风险意识，并按照人民银行、公安部及银监会联合开展的"天网—2011打击银行卡犯罪的专项行动"要求，在全国范围内与公安机关和中国银联紧密合作，合力打击银行卡犯罪，取得良好成效。建设银行不断加强对委外催收单位的管理，牵头制定了《中国银行业协会委外催收机构管理办法》，规范委外催收管理制度，建立委外催收机构不良行为信息共享机制。

五、社会责任

建设银行始终坚持热心公益的经营理念，通过一些公益类产品与活动将信用卡事业与公益事业充分结合起来。2011年建设银行与中国孔子基金会合作推出了公益类联名信用卡——孔子龙卡，面向致力于孔子及儒学研究的文化人士、热爱孔子及儒学人员，以及其他优质客户发行。卡面呈现孔子标准像及儒学"仁、义、礼、智、信"字样，传达弘扬传统文化的理念，提升孔子龙卡品牌文化含量，增强客户认同感。建设银行联合孔子基金会通过举办成人礼，以及送国学到企业、机关、学校等活动，寓文化于管理之中，加强社会公德、职业道德、家庭美德、个人品德建设，同时弘扬传统文化，促进子女、员工、学生等人群的文化教育，借助孔子龙卡传达和凝聚文化、精神、信仰，丰富人们的心灵内涵。

第六章

交通银行

一、2011年业务发展概况

2011年交通银行信用卡中心围绕全行"服务提升"的主旋律,将不断改善信用卡客户体验作为目标,通过贯穿全年的主题营销活动、丰富的商户优惠、实在的积分回馈,为持卡人打造既有"国际品质",又有"身边实惠"的信用卡。

截至2011年底,交通银行信用卡在册卡量突破2 200万张,信用卡消费额达到3 608亿元,贷款余额739亿元。面对信贷规模紧缩、市场竞争加剧的格局,交通银行信用卡业务坚持以客为先,持续创新,通过差异化经营、精细化管理,满足消费者更多样化的需求,为持卡人提供更多便利,使持卡人获得最佳客户体验。

二、新增产品及服务

2011年交通银行悉心研究客户需求,不断升级信用卡产品的服务功能,致力为持卡人打造"最佳客户体验"。

(一)创意出新,打造首家积分消费百货店

信用卡积分的积累和使用是持卡人较为关注的方面,2011年5月,"国

内首家积分消费百货店"——"积分乐园"上线。持卡人可以根据自己的需求，自由选择以积分或现金的形式兑换所需商品。"积分乐园"包括了热门团购、星期五秒杀、品牌特惠等更多适合持卡人不同需求的活动。而长期性的"消费即可获得多倍积分"的"倍多分"计划也在不断地拓展商户，如今已发展到中国台湾、中国澳门和韩国等地区。与此同时，配合"持卡周年特惠"、"生日优惠双重礼"、"新客户见面礼"等积分活动，交通银行信用卡计划带给持卡人全新的积分体验。

（二）科技创新，首家推出"e办卡"系统

"e办卡"系统就是一套能够在整个信用卡申请流程中，利用数据采集终端实现申请人信息数字化即时录入，并通过3G网络进行客户申请信息实时联网核查校验以及申请人手机动态短信校验的管理系统。"e办卡"系统使得所有的录入信息直接传输到后台，确保客户信息不落地，不仅能够有效节省邮寄、扫描和录入等繁复环节，大幅降低运营成本，还能够最大限度地遏制客户数据外泄的可能，并杜绝采用假冒证件进行申请的欺诈行为，极大地降低了业务风险。

交通银行信用卡在全国率先全面推广应用信用卡智能办卡终端，将成为中国信用卡发展的一个重要里程碑。随着3G、4G技术的进一步稳定和成熟，终端可加载功能的逐步丰富以及银行后台与前端信息的深入交互，创新应用智能销售终端将成为行业趋势，信用卡营销拓展将进入一个全新的阶段。

（三）以客为先，服务提升创造客户价值

交通银行以创新服务为突破口，通过制度、政策、流程、渠道、产品等各方面引入"客户体验"的理念、方法、技术和工具，持续加强和完善服务管理体系，加快客户满意度的提升。

1. 提升客户用卡体验。精确设定关键服务指标。从申请前端到用卡交

易,从人工服务到系统服务,覆盖各渠道全流程且客户关注的服务点,合理设定共30项关键服务指标,并组织专题推进改善。

2. 增加客户还款渠道。交通银行除了柜面和拉卡拉还款以外,还联合支付宝、财付通为客户提供轻松便捷的还款服务,使客户足不出户就能轻松完成还款,提升客户满意度。

3. 提供多种分期产品,供客户灵活选择。交通银行提供多种灵活多样的分期产品,使客户可以根据自身需求,灵活安排财务情况,选择最适合的消费金融产品。

(四)品牌深化,客户体验持续升级

根据客户调研,当前客户既注重生活品质,又关心物美价廉。2011年,交通银行信用卡联合众多商户资源,一网打尽"吃喝玩乐购",为持卡人提供了更多便利,以国际品质使客户乐享身边实惠,客户满意度持续攀升。交通银行与知名商户合作推出颇受欢迎的"一元招牌菜"、"十元看电影"和商超百货满额赠礼活动,更携手屈臣氏、必胜客等品牌商户推出了"乐享屈臣氏,惊喜'刷'出来"的购物赠电影票和"欢乐必胜客,乐享刷卡金"的消费返刷卡金等活动。针对日趋热捧的旅游消费,交通银行信用卡也

推出"惠游世界"活动,囊括了中国香港、新加坡、马来西亚、普吉岛等热门旅游地,并以比市场价优惠的价格吸引了不少持卡人,让持卡人"省"钱的同时,生活更精彩。

三、网上银行的发展

交通银行秉承"快速、便捷、高效、可靠"的金融服务理念,通过互联网等多种电子渠道为客户提供全新的银行服务,创新整合自助理财、网上支付方式,在集强大、全面的功能于一身的同时兼顾实用性和安全性,令客户理财生活更加轻松自如、安全顺捷。

2011年,交通银行已成功发展了以支付平台为载体、以线上收单为代表的全功能电子支付业务。同时推出了新型的网上商城,建立健全以金融服务为核心,整合供应链金融、物流金融、网络信贷、电子支付、消费贷款等金融服务产品,为企业客户提供全流程电子商务解决方案,为个人客户提供全面综合财富管理服务的在线平台。

交通银行于2011年建成的融合缴费业务、跨行收单业务和各类网上订票业务的综合性电子支付平台——收付通宝,它不但对目前各分行的特色缴费业务进行统一整合,同时也打破了各银行之间的屏障,进行跨行收单,为客户提供一个一站式的金融平台。交通银行电子支付平台有两大特点:一是全功能,即全功能缴费、全功能充值、全功能收费,以及理财与融资等全功能金融服务,满足客户各类日常所需;二是开放性,即客户开放与服务开放,可向社会各服务领域开放入驻,提供收款平台;可向本行及他行客户开放使用,提供一站式服务。

2011年,交通银行电子支付商户规模持续提升,网络支付环境明显改善。全年网上交易笔数和金额分别同比增长71.6%和71.2%。交通银行2011年相继推出了信用卡积分乐园和网络在线服务,使网银业务的产品线和服务更趋完整,通过互联网等多种电子渠道,兼顾实用性和安全性,为客户提供全新的银行服务,令客户生活更加轻松自如。

四、风险管理情况

2011年交通银行根据信用卡业务特点,在风险管理上通过完善系统,改进流程，深度挖掘数据信息，加强同业合作和交流，把先进的风险管理理念和方法与本土实践经验相结合，实现了维护资产质量稳定和客户资产安全的目标。

（一）加强客户综合授信管理

完善授信审批政策以及授信审批流程，通过策略的合理配置，加强客户授信管理，有效提高信用卡业务风险管理技术水平。

（二）加强同业合作，规范收单市场

在银监会和银行业协会的指导下，加强和同业协作，共同对不规范的商户进行甄别，规范收单市场，打击非法套现行为，推动银行卡产业的健康发展。

（三）加强反欺诈管理，保护客户资产安全

不断提高信用卡欺诈的侦测水平，持续研究信用卡欺诈特征，开发和快速部署有针对性的反欺诈策略，有效降低欺诈损失。

五、社会责任

交通银行秉承持续百年的优良传统，响应"绿色金融"的要求，把保护环境作为自己应尽的责任和义务，提倡低碳和环保，积极鼓励持卡人使用更加环保的电子账单。

交通银行从提升客户体验出发，对电子账单的内容进行改版，如增加了账单的消费明细、积分奖励、刷卡金信息和优惠活动等功能，使客户阅读更清晰、使用更便捷，并给予开通电子账单的持卡人一定积分的奖励。

作为负责任的企业社会公民，交通银行以胡锦涛总书记关于建立新时期军政军民关系的重要指示为依据，和武警某支队开展形式多样的合作和交流，共创精神文明建设，共建和谐社会。2011年"八一建军节"前夕，交通银行信用卡中心党工团相关人员前往上海东方体育中心，亲切慰问肩负第14届国际泳联世界游泳锦标赛安保工作的武警上海市总队某支队的官兵们，并为战士送上防暑降温用品。

第七章 中信银行

一、2011年业务发展概况

2011年,面对快速变化的市场环境,中信信用卡在策略转变和行动上快人一步,在同业率先提出将"消费金融"及"电子商务"作为发展的两大引擎,开拓了业务发展的新路径,并以税前盈利突破10亿元为核心标志,跃上了持续发展的新台阶,演奏了效益、质量与规模的协奏曲。

整体业务规模再上新台阶:截至2011年底,中信信用卡累计发卡量已达1 407万张,同比增长22%;当年新增发卡249万张,同比增长11%;全年交易金额1 664亿元,同比增长66%;未偿信贷余额319亿元,同比增长65%。

盈利能力实现大幅提升:2011年中信信用卡全年实现业务收入36亿元,同比增长48%;税前盈利10.08亿元,同比增长55%,盈利能力连续三年保持快速增长。

资产质量继续保持优良:截至2011年底,中信信用卡整体不良率为1.62%,同比下降了0.6个百分点。在业务规模大幅增长的同时,客户结构与资产结构得到了持续优化。

二、新增产品及服务

2011年,中信信用卡继续巩固领先产品优势,客户结构不断优化,形成了标准卡、航空联名卡、魔力卡三大核心产品线及高端、商旅、女性、年轻人四大主力客户群。针对不同客户群，先后推出了银联尊尚白金卡、Elle睿士卡、东航无限卡、留学生卡、悦卡等卡片类产品；创新推出了年费套餐、短信宝、酒店自助餐权益等各类增值权益产品，推动中间业务收入实现快速增长；建立完善了"果岭行"、"悠游季"、"亲子会"、"爱信汇"、"Fun映会"、"云端阅读"等"1+N"俱乐部体系，为持卡人提供更为精细化的服务。其中，"云端阅读"是由中信信用卡联合中信出版社为持卡人推出的以图书借阅为主轴的大型项目，是金融与文化领域整合营销的创新尝试，受到了中宣部、新闻出版总署及全国媒体的广泛关注与支持。

在消费金融方面，在业内率先设立以分期产品经营为核心的消费金融专业部门，创新推出了"1金3宝"（圆梦金、续金宝、团金宝、信金宝）四个新产品。分期业务贷款余额、应收及实收收入分别较上年快速增长了55%、160%及103%，成为收入增长及利润贡献增幅最大的业务模块，形成了显著的先发优势。

与此同时，中信信用卡以"精细化服务、精准化营销、体系化管理"为重点，强化客户全生命周期服务品质闭环式管理，进一步提升了客户体验。截至2011年末，中信信用卡客户满意度达到96.59%，在全年无一升级投诉的同时，实现了3.2亿元的营销收入，并荣获金耳麦"中国最佳呼叫中心"等多项殊荣。

三、网上银行的发展

2011年，中信信用卡通过门户网站优化、网上商户拓展、网上支付平台搭建等一系列举措，以及"中信银行QQ会员联名信用卡"、"中信银行凤凰网联名信用卡"、"中信银行途牛网联名信用卡"、"中信银行同程网联名信用卡"等多个网络联名卡产品的推出，初步建立起低成本、高时效的标杆式信用卡网络营销体系。网络发卡全年总申请量达61.5万件，是上年同期的2.3倍；网销渠道最终独立发卡10.7万张，有了大幅度的提升。同时，伴随网上特约商户的不断增加，以及各项市场经营活动的开展，网上支付交易量实现72亿元，同比增幅460%；网上商城收入超过2 400万元，较上年同期增长150%。此外，中信信用卡通过实施网站优化项目，推动网站整体浏览量突破730万人次历史新高；网页级别提升至6，和招商银行并列同业第二位；信用卡申请的平均转换率提升至18%，最高达20%。

凭借在网络营销领域的突出表现，中信信用卡先后荣获了互联网周刊"2011年度中国网络营销创新奖"、腾讯网2011年度影响中国评选"2011年度最佳信用卡"等诸多具有广泛影响力的大奖。

四、风险管理情况

2011年，中信信用卡积极适应外部形势变化，坚持"稳健、科学、创新、高效"的信贷管理理念，以全面流程风险控制体系建设为支撑，以客户结构和信贷结构调整为重点，拓渠道、调结构、促存量，有效控制不良资产，提升风险资产配置效率。

在健全完善贷前、贷中、贷后全流程风险管理体系建设的基础上，通过政策引导、结构管理、贷款效能管理等措施，围绕两个核心继续做好风险管理工作：一是积极推进全面、全流程风险管理体系建设，通过管理理念提升、思维方式转变以及管理工具与手段的应用，实现业务发展与风险控制有效平衡，并以多种机制和措施的实施，实现风险管理成果对业务的深度支持与促进；二是对新产品、新业务，坚持稳健原则，加强宏观经济与信用卡业务的关联分析，通过资本收益率合理配置及敞口控制等手段，把握存量客户与新增客户的平衡、创新业务与传统业务的平衡。

全年信用卡业务新增不良额、新增不良率均显著下降，欺诈风险和操作风险得到了有效控制。截至2011年末，中信信用卡整体不良率同比下降了0.6个百分点；欺诈风险BP相比年初下降了近13%。在业务规模大幅增长的同时，各项风险管理指标持续优化，抵御风险的能力进一步提升。

五、社会责任

作为行业的中坚力量，中信银行信用卡中心一贯将企业责任和企业经营放在同等重要的位置抓紧落实，本着"搭建公益平台、倡导公益理念、提倡身体力行"的公益理念，积极开展各种类型的社会公益活动，赢得了社会各界的广泛赞誉。2011年，根据客户公益需求，中信信用卡集中力量推出了"爱·信·汇"2.0公益平台，标志着中信信用卡公益慈善事业迈入了新的台阶。

截至2011年末，中信信用卡已携手持卡人捐建了24所梦想中心；"积分圆梦"图书捐赠行动，将企业自身的善举普及所有的客户，把一个人、一个企业的意愿升级成千千万万人共同的力量；创新推出的真爱梦想公益联名信用卡在国内公益事业发展中具有划时代意义，标志着企业和公益组织在更高的层次上进行合作。

2011年重点公益活动回顾——"图书捐赠 积分圆梦"：2011年，爱信汇以"自信筑梦 分享·爱"为主题，推出了"图书捐赠 积分圆梦"活动，得到了广大客户的热烈支持。全年中信信用卡持卡人通过公益平台捐赠书券计37万元，彰显了中信银行"承诺于中，至任于信"的企业文化和作为国内知名金融企业所担负的使命与责任。

员工志愿服务：鼓励员工以志愿者身份积极参加各项公益慈善活动，并将慈善融入企业文化建设当中。2011年，中信信用卡志愿者有15人次参与"教练计划"，深入边远地区参加暑期支教活动；35人次参加了"同在蓝天下 共享一本书"图书分拣活动；30人次参加了"手拉手 圆梦北京"夏令营活动；56人次参与了慈善之夜大型活动的志愿者服务，最长公益时间累积达244小时。

"自信筑梦 分享·爱"慈善义拍晚宴：2011年10月22日，中信信用卡"自信筑梦 分享·爱"收官活动在深圳举行。活动当天收到来自全国各地的爱心人士和企业捐出的50多件极具特色的拍品，最终募得善款累计超过100万元。

热心公益，是每个企业与每个人的责任。中信信用卡在不断发展与壮大的过程中，正以切实的行动回报社会，造福社会。

第八章

华夏银行

一、2011年业务发展概况

2005年11月，华夏银行和德意志银行签署全面长期战略合作协议、全面技术支持和协助协议、信用卡业务合作协议，拉开了两行战略意义的合作序幕。华夏银行信用卡项目于2006年6月启动。在两行的战略部署下，信用卡中心充分传承了华夏银行及德意志银行在金融领域的本土智慧与国际经验，这种独特的双重优势，为华夏银行信用卡中心成为最可靠、最具效率、最有创造性和最具盈利能力的发卡机构奠定了坚实的基础。

2011年华夏银行信用卡业务贯彻"有效益增长、有质量发展"策略，加大营销力度、精细化管理、差异化服务、降低成本、提高效益，重点建设各项业务管理体系。以营销推广工作为切入点，从完善产品功能、加强风险管理、运营体系建设、提升客户服务质量、建立人力资源管理体系、加强合规管理和企业文化建设等方面推进各项工作，促进业务发展。积极建设分行、直销、共建营销渠道，目前已在全国32家分行发卡，在北京、上海、青岛、杭州、南京五个地区建立了专职的信用卡直销队伍。

截至12月31日，累计发卡178万张。交易额比上年同期增长66%，应收账款同比增长131%，总收入比上年翻了一番。

二、新增产品及服务

华夏信用卡中心自2007年6月18日发行中国第一张双币钛金信用卡以来，已经陆续发行华夏钛金丽人信用卡、华夏ETC信用卡、华夏白金卡、华夏易达金卡等，形成了较为完善的产品体系。在功能上凭借卓越财智服务、六重安全保障，以及独特的增值服务、积分计划，华夏信用卡旨在为用户带来与众不同的卓越体验，实现财务力量的全面提升。

华夏银行于2011年8月29日推出了华夏SMART信用卡。SMART信用卡是华夏银行信用卡中心专门为年轻人设计的一款专属信用卡，体现年轻人的年轻、时尚、智慧、潮流感和精明消费的特点。目标客户群为在大中城市生活的，具有独自生活能力和固定收入来源的社会青年人。结合性别区分，分为女性卡和男性卡。以红色卡面展现女性的婉约柔美，以蓝色卡面展现男性的理智冷静。卡面图案是一个立体的SMART字样，华丽炫酷的贝壳光芒彰显了年轻人的时尚。

SMART卡火暴登场，SMART生活精彩纷呈。华夏银行信用卡中心对SMART卡用户设计了多项专享特权，包括：持卡人首年免年费，首年消费满5笔即可免次年年费；透支提现无手续费；刷卡积分可兑换支付宝积分，用于淘宝、水电费等支付；可通过电话实现转账、取现，并可转入其他行银行卡。除此之外，还特地设计了持卡人专属额度成长计划，为持卡人提供专属银行信用报告。

此外，对于精彩生活、精明消费，SMART卡在各地多个领域推出了极为诱人的优惠功能和活动。

同时，2011年继续加大针对私家车优质客户重点营销，优化ETC信用卡产品功能与营销服务，北京ETC信用卡发卡已突破10万张，在天津、广州等地区也已成功推广上线。

通过开展热线旅游、专家讲座、特惠积分礼品兑换、高尔夫畅打、商户特惠活动、商城特惠活动等措施，加强对尊贵会员俱乐部（Plus Club）的活动服务，提升高端客户的忠诚度与贡献度。

几年来华夏信用卡多次荣获国际信用卡组织、中国银联及有关社会组织的重要奖项。2011年华夏信用卡荣获中国银联颁发的"银联卡合作创新奖"，由搜狐网和北京《信报》联合在北京举办的2011年第三届首都金融业服务创新大赛中，华夏Smart信用卡荣获年度"创意信用卡奖"。此外，在各地还获得了二十多个专项奖励。

三、网上银行的发展

2011年，华夏银行加大了信用卡网上商城及商旅通业务的推广力度，拓宽信用卡受理环境及受理渠道，深化与境内第三方公司支付宝、快钱、迅付、ChinaPay等业务合作，大力推广中国银联无卡支付业务，优化了华夏信用卡的网上支付功能。结合标准卡、丽人卡、ETC卡等系列卡产品开卡礼、年费礼等多项营销活动，商城陆续推出了团购、秒杀、限时抢购、抽奖、Plus Club会员专区等一系列丰富活动，有效地促进了持卡客户的用卡黏性和客户满意度，带动了分期交易。开发20余种线上/线下、本行/他行的还款渠道，给客户带来更多方便。

华夏银行于2011年6月21日与中国银联签署手机支付业务战略合作协议，在境内首家推出了银联SD卡模式手机银行。SD卡模式比普通客户端模式更有效地提升了数据安全和交易安全性。配合NFC技术，手机可满足近场支付需求，可同时绑定多张同名他行银行卡，便于客户还款、转账、理财等业务操作，还支持机票预订、彩票购买、电影票、充值缴费等多种增值服务。2011年华夏银行手机银行已经在全辖范围进行内部测试，并已在成都、重庆、天津、深圳、上海等地上线试点投产。

四、风险管理情况

华夏信用卡业务坚持依法合规经营，高度重视风险防范。风险管理的精细化水平和风险管理能力进一步提升，资产质量继续保持同业良好水平，欺诈风险继续得到有效防范和遏制。

按照监管机构规定，建立和不断完善覆盖各业务环节的规章制度，组织力量对各业务环节进行合规性专项检查，深入整改，并对检查整改后执行情况持续监测和检查，员工树立了较强的合规意识。

深入精细化管理，完善信用卡账户生命周期的全流程风险管理体系，提升了风险防范、识别、评估、控管和处置水平。2011年在多个渠道及作业质量管理等主要业务环节深化数据挖掘，完善分析决策数据模型，使风险控制实现了自动化。强化了决策、管理和作业等层级的风险预警监测体系功能，有效地控制了风险，保证了客户和银行的资金、信息安全。

加强风险管理渠道建设，在风险集中管理的基础上，从"防"和"控"两个方向推进风险管理前移。根据监管部门的要求修改、完善不良资产管理政策，将催收合规性标准纳入绩效考核。提升了风险控管效率，夯实了信用卡业务风险管理基础。

目前华夏银行信用卡资产质量良好,坏账率、欺诈案件发生率等指标在业内处于领先水平。

五、社会责任

华夏银行信用卡中心重视绿色环保,领导亲自推动绿色环保活动,提倡低碳生活,为环保作出贡献。

为减少纸张浪费、减少树木砍伐、推行绿色账单,要求本行员工带头,通过网站、账单信函、发短信、客户服务平台推荐等方式向社会大力宣传,通过赠送积分吸引客户接受绿色账单服务,发送绿色账单量增长很快。

为推动绿色环保,信用卡中心承担较大的成本,在部分信用卡品种试用环保材料制成的卡片。2011年4月16日,华夏银行信用卡中心组织团员和员工到怀柔区桥梓林场营建"华夏信用卡中心共青林",用自己的双手为营造首都优质的空气质量作一分贡献,通过植树活动,员工受到了生动的环保教育。

第九章 广发银行

一、2011年业务发展概况

2011年，广发银行信用卡业务再度迎来发展高峰，广发信用卡2011年末信贷余额近500亿元，新增损失率降到新低。利润总额及卡均收益继续领先同业，为信用卡业务的可持续发展打下坚实的基础。

二、新增产品及服务

（一）产品创新

创新是广发信用卡的灵魂，也是拓宽广发信用卡业务的利器。2011年，广发信用卡对外联盟合作实现飞跃，相继和银泰百货、携程旅行网、阿里巴巴集团、中经汇通公司等知名企业签订合作协议，给广发信用卡注入更活跃的创新因子。

广发信用卡非常重视高消费的商旅客户，在稳定发行南航、深航、东航、七天等一系列商旅联名卡的基础上，2011年新发行携程联名卡，推出了消费2元累计1携程积分的业内最优积分计划，进一步完善了商旅产品线。针对车主客户还推出了广发中经汇通卡，该卡具有消费金额2%的免还款签账额返还项目，在同类联名卡中返还力度最大，全年无限次免费道路救援，给私家车主一份安全保障。

同时，广发信用卡也加大了对高端百货和网上购物业务方面的开拓，2011年联合银泰百货发行联名卡，创新推出了折上折优惠，给客户以最大的购物优惠体验。同时，针对迅速增长的网购族发行了淘宝联名卡，并向淘宝卡客户提供了快捷支付、刷卡消费返还、支付宝金账户会员等多项功能。

广发信用卡相继获得搜狐金融论坛"2011年度最受用户喜爱信用卡奖"，以及《羊城晚报》金融新锐榜"2011年最受欢迎信用卡奖"。

（二）服务创新

广发银行在原有的广发真情卡基础上成功地进行了服务升级，2011年成立的真情俱乐部属于行业内史无前例的新型服务，将所有真情卡客户按消费特点细分为金钻、银钻、粉钻三个会员群体，联合多家国际知名品牌为俱乐部会员提供众多专属礼遇与优惠，从衣、食、住、行等各方面关怀持卡人；并同时提供网上安全支付、个性化卡版、海外代购、时尚资讯等多项功能，深受女性客户的好评。广发真情卡及真情俱乐部分别获得了《南方周末》颁发的"2011年度创新女性信用卡"奖及《时代周报》颁发的"2011年度时代风云营销事件奖"。

三、网上银行的发展

（一）网上商城

广发网上商城是广发银行已有邮购分期商城业务的延伸，将为客户提供分期购物的网络购物平台。商城倡导用户一站式购物体验，上线初期计划的单品包括传统B2C的八大类产品（手机、数码、笔记本电脑、钟表、箱包、家居、化妆品、户外运动）共1 000多种单品。网上商城为了给客户提供多样化的增值服务产品，满足更多客户需求，计划引进多项服务类产品，包括商旅服务、银行类产品，全方位打造一个以服务为导向的特色商城；同时在支付方面，广发商城支持持卡客户通过广发信用卡、广发借记卡、活期存折进行支付购买，并且客户通过一次性全额或者分期付款支付商品款项，从而实现轻松购买的量身新体验。

（二）信用卡网上申请

广发银行信用卡中心自2005年开始，竭力推进网上申请信用卡业务（以下简称"网申办卡"），是业内首家全面建立"网申办卡"业务的银行金融机构。7年来，确保业务操作高度合规，不断完善、优化业务线流程，已成为一种不可或缺的服务模式，目前已成为广发银行信用卡中心四大发卡渠道之一。

"网申办卡"业务贯彻以高端、新锐人群为重点推广对象。其中拳头产品真情卡、标准卡、南航卡占全渠道总量的50%以上。渠道品牌化理念不断强化，2011年7月23日，具备网络消费特色的广发淘宝联名卡顺利上线，受到广大年轻新锐型客户的青睐。随着业务的创新，"网申办卡"将走向更广阔的发展道路。

（三）手机银行

2011年广发银行开始推广手机银行在信用卡业务上的应用，在手机银行上将与信用卡相关的账务查询、转账、还款等功能成功开发的同时，将优惠商户信息、广发乐享日、机票预订等活动/优惠信息与手机银行有机结合，有效地提升了各项功能与优惠的宣传力度，给客户提供了更完善、更全面的用卡体验。

四、风险管理情况

在"优化资产结构、确保健康发展"的风险管控宗旨下，2011年广发信用卡资产规模快速稳健增长，同时风险指标继续保持在历史低位。广发银行主要的风险防控举措如下：

1.持续开展压力测试，预警宏观环境变化带来的系统性风险。

2. 密切关注宏观经济形势，对于经营环境出现不利因素的地区和行业，及时收紧授信审批政策，以应对行业风险；同时对于风险表现较高的地区，严格审批、授信，以应对宏观经济下行带来的系统性风险。

3. 通过精细化客户分群、维护手段的创新，以及逐步升级的系统支撑，不断提高贷后管理的科学性和有效性，为业务发展提供强有力的策略支持。

4. 建立全方位的欺诈防范系统。构建反欺诈早期识别策略，防范伪冒申请盗用风险；启用消费密码推广策略，降低伪卡交易风险；全力主导客户身份验证优化策略，降低未达卡、账户接管欺诈风险。

5. 通过MIS数据分析、失联评分等工具的应用优化催收策略，实现内部催收的科学化；同时对委外催收服务机构加强管理，通过制定一系列激励和考核措施，来规范其行为，提升催收效果。

五、社会责任

截至2011年12月，广发希望慈善基金共募集善款1 345万元，其中持卡人捐赠为368万元，广发银行捐赠977万元，已经使用善款822.4万元。

2011年广发希望慈善基金举行宁夏慈善行活动，这是继广发希望慈善基金走访四川、广西、云南后的第四次慈善行活动。广发希望慈善基金此次捐款100万元，用于资助400名宁夏同心县、海原县的贫困学生，以帮助孩子们实现三个"健康"目标，即"饮食健康、身体健康、思想健康"。启动仪式上，广发希望慈善基金公布了自成立以来所有慈善项目的善款使用明细，主要希望以此举帮助推动中国慈善事业的透明化、阳光化。广发希望慈善基金的志愿者们在2011年10月17日至21日亲赴宁夏同心县和海原县，与受助的孩子们展开面对面的交流和沟通。为孩子们上一堂课，用新建好的希望厨房为孩子们做一顿爱心午餐，为孩子制作爱心读物等。

广发希望慈善基金截至2011年末的使用情况如表9-1所示。

表9-1 广发希望慈善基金善款使用情况表

项目	2008—2010年	2011年	合计	金额（万元）
大学生（人）	250	240	490	215.6
初、小学生（人）	1 640	2 294	3 634	341.4
高中生（人）	—	250	250	75
希望小学（间）	1	—	1	33
抗震希望教室（间）	20	—	20	56
特殊孩子（人）	2	3	5	8.4
希望图书室（所）	1	22	23	23
快乐体育（间）	—	8	8	16
留守儿童亲情屋（间）	—	4	4	14
爱心厨房（间）	—	10	10	40
合计				822.4

第十章

深圳发展银行

一、2011年业务发展概况

2011年深圳发展银行（以下简称深发展）信用卡业务实现稳健增长，并保持稳定的盈利能力，新客户质量稳步提升，资产质量进一步提高。截至2011年末，本年新发卡193万张，同比增长107%。贷款余额达到96.21亿元，同比增长51.63%；不良贷款余额0.59亿元，同比减少23.16%；不良贷款率0.61%，同比减少0.60%，维持在行业较低水平。

2011年深发展信用卡业务依托平安集团综合金融平台，大力拓展交叉销售业务，着手建立了总部、区域、分中心三级销售推动体系，强化了各层级的推动力。根据销售渠道的特点，建立了寿险渠道、直销渠道、分行渠道三大销售主模块；设立了东、南、西、北四个区域架构，并赋予了区域更多的销售推动和支持职责；通过寿险渠道模块，推进与平安寿险各分公司的沟通协调和业务推动，成功复制交叉销售模式；通过开展"我为深发献8户"、"百团大战"等销售竞赛活动，调动了全行员工发卡的积极性，扩大了员工发卡人群，形成了长期稳定的员工发卡机制。

二、新增产品及服务

2011年，深发展先后推出了以下产品和服务：

（一）深发展平安人寿联名信用卡

2011年1月，深发展在延续"健康、时尚、环保"的产品设计理念基础上，正式推出"深发展平安人寿联名信用卡"。这款信用卡产品充分整合了银行及保险的资源，将保险与信用卡两者的功能有机结合起来，产品上市后受到广大消费者的喜爱。深发展平安人寿联名信用卡将保险作为附加功能免费赠送，只要首刷次日起即可免费获赠高额、全方位的交通意外险保障和燃气意外险保障，让客户"出行无忧"、"居家无忧"，从而体现了深发展信用卡对客户无微不至的关怀。

（二）深发展i车信用卡

2011年10月，为向平安集团车险客户提供一站式的金融服务，为客户购买车险提供便利，深发展联合平安产险共同发行深发展i车信用卡。该卡在提供加油双倍积分、加油奖励金、道路救援等的基础上，围绕"实惠、安全、方便"的主题，提供信用卡卡面的各项优惠理财功能，打造出车辆服务和信用卡的完美结合，是深发展信用卡在服务领先的理念上不断创新的又一成果。

（三）深发展海南旅游卡

海南旅游卡是深发展为海南旅游人士提供的具有海南特色，涵盖"吃、住、行、游、购、娱"等全程特惠专享服务的旅游主题信用卡，持卡人可以享受以贵宾价格预订星级酒店、旅游折扣优惠、低价租车自驾游等增值服务。

（四）深发展靓车天利天力卡

靓车天利天力卡是深发展在北京地区发行的汽车主题区域性联名信用卡，该产品具有最高1%消费回馈、车险分期零利息零手续费、特约商户会员待遇等功能。

（五）深发展靓购信用卡

深发展靓购信用卡是沃尔玛畅享联名信用卡的升级产品，以百货、超市类客户为目标客户群，突出"靓"系列信用卡的环保主题，是深发展为客户打造的超值、环保购物类主题信用卡，持卡人使用靓购卡消费，可享受最高1%的消费回馈；可参与全国众多特惠商户的促销活动。

（六）深发展爱婴岛联名卡

深发展爱婴岛联名卡是深发展在珠海地区发行的母婴主题区域性联名信用卡，该产品具有最高1%消费回馈，在爱婴岛会员店享受折扣商品优惠等功能。

三、网上银行的发展

（一）网上支付情况

2011年深发展加强了与非金融支付机构的合作，如支付宝、Visa等，抓住契机打造完善的网络支付平台，形成规模效应，获得支付优势。同时，也携手各大商户，如淘宝网、苏宁电器，集合各方面力量，高度整合资源，大大提升客户体验和银行综合竞争力。2011年的网络交易金额达到10亿元，其中，网银支付交易0.14亿元，非金融机构支付交易6.78亿元，直联（与本行直联）MOTO交易2.55亿元。

（二）网上商城情况

2011年，深发展信用卡邮购分期业务年交易额0.05亿元，业务尚处于起步阶段，具有巨大的业务发展潜力。

四、风险管理情况

2011年，深发展深入实施和执行贯穿信用卡信贷全程的风险管理体系，优化各项措施，加强各环节风险监控，违约贷款得到有效控制。年末不良贷款余额0.59亿元，同比下降23.16%；不良贷款率0.61%，同比下降0.60%，维持在行业较低水平。具体风险管控措施如下。

（一）改进信息验证方法，防范伪冒风险

深发展信用卡不断完善客户信息验证流程和方法，通过调整电话征信流

程和策略、充分运用第三方信息对申请人信息进行多重交叉验证核查，并采用先进的申请欺诈防范系统，进一步提高了深发展信用卡的防范伪冒风险的能力。

（二）完善科技手段，加强交易监测，防范交易风险

深发展信用卡欺诈交易侦测系统自运行以来，对信用卡持卡人的交易信息实施全天候的在线侦测，对于异常交易，通过电话核实等方式，及时对持卡人进行风险提示。同时，对于高交易风险的账户采取口头警告、止付、降额、限制卡片消费金额等风险措施，防控交易风险发生。

（三）实施差异化催收策略，加大清收力度

通过从敏感度、可催度、欠款金额三个维度将欠款客户区分为不同的类型，采取差异化催收策略，达到最大限度地回收不良资产、减少信贷风险损失的目的。

五、社会责任

2011年，深发展信用卡积极主动地承担环保义务，责无旁贷地履行社会义务和责任，主要表现在以下两方面。

一是在产品设计上，继续推出环保材质信用卡产品，彰显绿色环保理念。2011年深发展信用卡中心积极研发和推出了人寿联名卡、i车卡、靓购卡等环保信用卡产品，既适应了交叉销售渠道下的客户金融需求，又迎合了社会高素质人群从精神层面到行为层面对环保生活的追求，唤起了持卡人呵护自然环境的渴望，加强了持卡人的环保意识及社会责任感。

二是在社会行为上，致力于环保公益事业的推广。深发展信用卡中心作为"百万森林"项目中国区企业推广大使及年度杰出合作伙伴，为改善西部荒漠地区的生态环境作出积极贡献。同时，各项信用卡营销活动始终围绕"环保"的品牌主张，多次举办环保减排活动，呼吁广大公民低碳出行；2011年4月，在上海成功举办了"绿色联盟启动仪式暨环保慈善酒会"；

2011年9月，精心筹备了"零碳，让感情零距离"创意环保婚礼，并携手深发展环保信用卡代言人李冰冰，举办"深发展3 000辆单车低碳出行"等环保活动，着力打造深发展环保信用卡品牌，履行环保、低碳社会责任。2011年第三季度，深发展信用卡荣获了"环保最佳信用卡"、"最受商旅精英欢迎的环保信用卡"等荣誉称号；此外，在2011年8月举办的第26届深圳世界大学生运动会期间，深发展信用卡中心为大运会提供了全方位公益性金融服务，被深圳市银行同业公会授予"深圳银行业大运金融服务先进集体"称号。

第十一章

中国光大银行

一、2011年业务发展概况

2011年,中国光大银行在保持信用卡业务适度规模增长的前提下,持续提升客户价值,优化客群结构,积极向管理要效益,以创新促增长,各项经营指标较2010年有了较为长足的进步,继续保持了"效益、质量、规模"的协调发展态势:(1)在规模方面,光大信用卡跨入千万级发卡机构行列,市场地位显著改善。(2)在质量方面,首先是通过ISO 27001和ISO 9001认证,服务品质进一步提升;其次是通过资产组合管理,风险状况持续改善,损失率低于行业平均水平;最后是光大银行信用卡客户结构不断优化,中高端客户战略逐步形成。(3)在效益方面,在提升业务收入的同时,通过绿色零碳信用卡和母亲水窖项目的推广,加大了反哺社会的力度,实现了企业经营效益和社会效益的统一。

2011年,光大银行信用卡业务发展态势良好,也得到了社会各界的广泛认可,屡获殊荣,累计获得社会各界各类奖项17项。其中,福信用卡荣获5项,分别为《南方周末》"年度最受欢迎文化主题信用卡"、《世界》杂志"年度最具中国魅力信用卡"、《数字商业时代》"最受老百姓喜爱的信用卡"、奥神传媒《旅伴》杂志"最受商旅精英喜爱的主题信用卡"和《经济》杂志"中国信用卡产业最受老百姓喜爱品牌",成为了实至名归的"最受老百姓喜爱的信用卡"产品。

二、新增产品及服务

回顾2011年,光大银行信用卡业务从产品、渠道、流程、技术、营销等方面入手,创新业务模式,拓展创新领域。

(一)服务创新

2011年,光大银行信用卡中心在业内首次引入"精益管理"思想与方法,以"让客户满意"为目标,不断优化业务流程、简化服务环节、提高工作效率,使得客户服务水平不断提升。2011年,光大银行成为银行业中唯一一家经银监会批准、同时获得ISO 27001信息安全质量认证和ISO 9001质量管理认证的机构。

(二)产品创新

1. 大美西藏旅游信用卡。2011年光大银行信用卡发行了旅游主题的大美西藏旅游卡,持卡客户可享受到西藏地区著名景点6折起的门票折扣优惠,西藏地区藏戏表演门票6~8折优惠,西藏本地团队旅游、租车9折优惠及西藏地区多家特惠商户优惠等特色服务。

2. 阳光存贷合一尊尚卡。2011年光大银行信用卡推出了一款高端信用卡产品——阳光存贷合一尊尚卡,以全新的设计理念、全新的发卡模式、全新的产品标准,丰富了高端信用卡产品结构,并根据客户定位,为此卡提供了多项专属增值服务,如特色体检服务、健康洁牙服务、中医养生服务等,更好地满足了高端人群定制化、个性化的需求。

(三)营销创新

2011年,为满足信用卡客户用卡需求,给予客户更多回馈,光大银行开展了一系列针对性的营销活动,如月月刷月月奖、账单E点通、走进IN时贷等一系列营销活动。与此同时，光大银行还相继推出了"光大信用卡故事会"、"缘系存贷合一卡征文"、"福卡卡友晒幸福"、"光大·爱心宝宝——七彩阳光全国青少年才艺展评"等12项品牌性活动，受到了受众的广泛参与。其中"缘系存贷合一卡征文"共收到征文近3 000篇，"福卡卡友晒幸福"搜集投稿照片1万多张。

2011年，光大银行对外发布了信用卡吉祥物——阳光宝宝，这也是国内首家推出吉祥物的信用卡中心。"阳光宝宝"共有兄妹男女两人，以光大银行长期致力打造的"为客户带来阳光般的感觉"为创意源泉，一头阳光般金发，配合紫色衣服，贴切演绎了光大银行的LOGO色。今后，"阳光宝宝"将成为光大银行信用卡系列推广的主人公，以声音、漫画、动画等多种形式，与大众一同分享光大银行信用卡的功能服务、使用技巧和特惠活动等。

三、网上银行的发展

2011年，光大银行信用卡通过互联网和手机两个渠道实现与银联无卡支付系统的对接，对接后系统在完成光大银行信用卡支付功能的基础上，扩展完善了他行银联卡在互联网和手机渠道的支付功能，扩大了联网通用业务范围，提升了客户支付体验。另外，2011年，光大银行信用卡地带完成了改版升级。光大银行信用卡地带网上商城也丰富了产品和服务，为客户提供了更多便利的选择。

四、风险管理情况

2011年，光大银行坚持以科技手段完善风险管理体系，不断提高信用卡业务贷前、贷中、贷后阶段的风险管理水平，通过加强贷前控制、贷中监测和贷后管理，将风险控制在了较低水平。在销售前端，继续将风险指标纳入对营销人员的综合评价体系，提高了销售环节的风险防范意识，另外，通过加强贷中监测和贷后管理，提高了对风险主动性管理能力，使光大银行信用卡业务整体风险状况持续改善。

五、社会责任

2011年,光大银行信用卡中心举办了"光大·爱心宝宝——七彩阳光全国青少年才艺展评"。该活动横跨13个城市赛区,5万家庭亲情加入,受众人群达5 000万人,各城市分赛区及全国总决赛所有捐款通过光大银行全部用于西部缺水地区母亲水窖的建设,捐款总额逾67万元。

该活动致力于大力弘扬青少年艺术素质教育,充分关爱青少年成长健康,为青少年才艺展示提供一个全国性的展示舞台,同时将青少年才艺展示与"大地之爱·母亲水窖"公益项目有机结合,所有参赛作品围绕"在灿烂阳光下成长"、"母亲水窖公益事业"、"饮水思源"等公益主题,目的在于使青少年通过参与比赛直观了解我国西部的缺水状况,培养其参与公益事业的意识,积极支援西部缺水地区母亲水窖的建设。

在所有分赛区及全国总决赛的比赛现场,都开展了"大地之爱·母亲水窖"公益活动宣传,并设置了捐款箱,不少参赛选手、家长及当地企业积极捐款,所有款项通过光大银行用于西部缺水地区母亲水窖的建设。

本次活动通过青少年才艺展评在全国宣传爱心公益事业的形式,在社会各界人士中取得了广泛而一致的好评。另外,光大银行按照"母亲水窖·爱心信用卡"交易金额1‰捐赠"大地之爱·母亲水窖"公益项目,针对"大地之爱·母亲水窖"公益项目,光大银行信用卡通过银行、公众和活动募集善款近200万元。

除此之外,2011年6月,光大银行信用卡中心联合北京环境交易所共同举办"2011年低碳论坛——中国企业自愿减排排行榜",进行低碳环保倡导与普及。在论坛上,光大银行信用卡荣获"2010年度中国自愿减排先锋企业"称号,绿色零碳信用卡荣登"中国企业自愿减排2010年度排行榜——渠道平台类"榜单。

第十二章

招商银行

一、2011年业务发展概况

2011年，招商银行信用卡以做中国最好的支付体验提供商、中国最好的消费金融专家、中国领先的多元化营销平台为发展愿景，不断推动管理变革，深化二次转型。2011年，招商银行信用卡获取客户的有效性持续增强，客户经营水平稳步提升，精益化运营管理日益深入，整体经营状况呈现良好的发展态势。在客户获取方面，坚持以客户价值为导向，有效提升客户获取效率，客群结构得到持续优化；在客户经营方面，以"价值、协作、效率"为重点，强化营销平台建设，扩大高收益业务，有效提升市场营销效率及客户经营管理水平；在运营管理方面，致力于建立低成本、高效率的精细化运营管理模式，结合新技术发展，深挖成本下降空间。

截至2011年末，招商银行信用卡当年累计发行信用卡484万张，同比增长20%，当年交易金额4 977亿元，同比增长27%，全年交易笔数达7.79亿笔，每卡月均交易金额为2 305元。

二、新增产品及服务

2011年，招商银行信用卡针对年轻客户及网络族群推出了一系列有针对性的产品，持续优化价值客户持卡结构。2011年2月，招商银行推出完美时空系列游戏专属信用卡,以游戏点卡及虚拟装备为吸引点,将游戏休闲娱乐、个人理财消费和衍生品增值服务三位融合一体,给客户带来更多的优惠和便利,实现虚拟与现实交融的良好消费体验。5月,发行招商银行凡客诚品联名信用卡,持卡客户可享受凡客诚品网站购物95折,享双倍凡客诚品积分等SVIP会员增值权益,精准锁定热衷于网络消费的年轻族群。6月,推出招商银行迅雷VIP联名信用卡,持卡人可享受迅雷提供的独家线上特权,包括:专属积分兑换迅雷VIP会员,网银购买迅雷会员专享折扣,国内外最新大片、热片、高清影片抢先看,以及迅雷会员成长值加速等。10月,推出首张真正意义的社交化联名信用卡——人人卡,该产品的主要特色有三:一是新鲜事分享,即在卡片申请、开卡绑定、积分兑换等用卡环节可触发用户新鲜事,分享给人人网好友;二是LBS优惠商户签到,招商银行万家精选优惠商户无缝植入人人网地图系统,通过人人手机客户端可随时随地了解周边优惠信息,并可参加签到活动;三是积分专属兑换,人人卡积分可专属兑换人人网VIP服务、人人豆及人人礼券等增值服务商品。12月,推出腾讯游戏系列联名信用卡,依托网络族群,聚焦年轻男性客户,满足游戏人群的日常用卡需要,持卡客户更可享受招商银行积分兑换腾讯游戏虚拟道具装备的专属特权。

三、网上银行的发展

招商银行信用卡商城成立于2004年,目前在架商品种类涵盖笔记本/电脑、数码影音、手机通信、家用电器、珠宝手表、家居生活、时尚美妆、奢侈品八大品类。招商银行信用卡商城分为聚便宜团购、十全实美超值抢购、秒杀专区三个主营板块,其中聚便宜团购每周推出60款左右的精品团购商品,是目前商城关注度最高的板块。十全实美超值抢购,是招商银行信用卡商城推出的主力营销活动,以市场知名产品为选品目标,折扣力度为同期市场最大,已成为招商银行信用卡商城最具影响力的促销活动之一。

招商银行信用卡中心一直密切关注并推动网上支付业务的发展。2011年,招商信用卡中心作为收单方,在网银渠道共有商户17家,当年交易额达5 400万元。此外,招商银行信用卡中心还于2010年10月推出了"掌声生活"手机客户端,2011年,该客户端当年下载量达101万。

四、风险管理情况

招商银行坚持倡导"稳健、理性、主动、全员"的风险管理宗旨,根据信用卡业务涉及的信用风险、操作风险等不同风险形态,建立了全方位、多节点、立体式覆盖信用卡信贷周期的"全流程"风险管理体系,即"贷前严控推广过程"、"贷中差异化审核"、"贷后动态监控管理"的风险管理体系。贷前,招商银行坚决贯彻监管机构"亲访亲签"要求,全面了解客户资信信息,确保授信客户符合目标客户群定位。贷中,对不同的申请人、不同推广方式获得的客户采取差异化的审核策略。贷后,不断完善动态监控管理体系,利用先进的信用卡交易侦测系统对客户的异常交易进行侦测,及时发现资金异常情况,确保客户及银行资金安全。该体系全面覆盖政策制定、征信审核、交易监控、催收管理等风险管理模块,形成了完整的风险管理构架,为招商银行信用卡风险管理奠定了坚实的基础。

2011年,招商银行采取了多项措施防范伪冒风险:一是不断加强推广面的规范管理,加大前端风险考核力度,采取三级审件流程防控伪冒申请进件风险;二是不断引进新的外部数据库信息,对客户申请进件进行有效的风险甄别;三是采取了动态调整监控规则、加大换卡力度、限制高风险商户交易等措施降低外部伪卡风险。此外,对于逾期未还账款,招商银行除自身开展催收业务外,还与26家委外催收公司开展合作,维护资产品质。

五、社会责任

2011年,招商银行信用卡中心继续以"壹基金"爱心卡为平台,开展了形式多样的社会公益活动,通过捐款、1天义工等形式带领广大持卡人支持我国的慈善事业,以实际行动服务社会,贡献自己的力量。如2011年7月,招商银行信用卡中心从自愿报名的持卡人中筛选出20多名壹基金信用卡持卡人,为广州市慧灵托养中心的孩子们送去真心的祝福与关爱。他们与该校50名智障儿童一起参与"二人三足"游戏、舞蹈节目等活动,还为7月、8月生日的儿童举办了生日会。截至2011年末,招商银行企业捐款以及号召持卡人捐款总金额累计超过470万元。

此外,信用卡中心还坚持组织开展文化扶贫、净滩等活动,进一步激发了广大干部员工的慈善热情。2011年6月,招商银行信用卡中心组织开展了"定点帮扶云南武定、永仁两县"的扶贫活动,全体员工积极参与,2011年募集捐款总额达28.8万元,募捐活动参与人数达8 584人,捐助物品达421件,"结对子"帮扶活动新结高中生18名、续结高中生21名、续结小学生2名。2011年4月,招商银行信用卡中心第五期管理培训生们参加上海仁渡和上海手牵手生命关爱发展中心联合举办的"爱我生命之源"净滩系列行动项目。短短两小时的行动,管理培训生们共清理了超过七十斤的海洋垃圾。这项活动不仅实践了企业的社会责任,唤起了更多公众和企业保护海洋环境的意识,同时也为多姿多彩的招银文化添上绚烂的一笔,意义非凡。信用卡中心也将在倡导公益活动的道路上不断前行。

第十三章

上海浦东发展银行

一、2011年业务发展概况

2011年，浦发银行信用卡中心坚持以客户需求为中心，着力提升客户体验，陆续推出多项创新产品及增值服务，新客户获取稳步增长，业务结构日益优化，同时持续推进企业文化建设，积极践行企业社会责任，在信用卡业务发展上做到规模、效益、质量三者的均衡发展。

2011年，浦发信用卡累计新账户获取量达143万户，同比增长46%；累计交易额达到553.5亿元，同比增长47%；期末应收账款总额达到106亿元，同比增长61%；信用卡年末不良率同比下降31%。同时，浦发银行信用卡中心顺利完成信用卡系统群整体升级扩容，为未来业务的跨越式发展提供了强有力的技术支撑。在中国社会科学院工业经济研究所和中国经营报社联合主办的"2011卓越竞争力金融机构"评选中，浦发银行信用卡中心凭借国际化的专业运作管理及多重创新性的增值服务，再次蝉联"2011卓越竞争力信用卡中心"大奖。

二、新增产品及服务

2011年，随着银行同业竞争的日趋激烈以及客户需求的多元化，浦发银行信用卡中心继续深化以市场为导向、以客户为中心的创新机制，不断开发新产品、新活动、新服务。

7月,浦发银行携手中国移动,发行了中国移动·浦发银行借贷合一联名卡。中移动浦发联名卡是国内首张符合PBOC2.0标准的集"电子现金小额支付功能"、"信用卡消费功能"、"借记卡理财功能"三合一的全新金融产品,也是首款在全国范围内实现手机现场支付的联名卡产品,融合了电子现金支付、借贷合一双磁条卡片、远程快速授信等诸多创新功能。基于该联名卡的前瞻性、创新性

及便捷性,中国移动·浦发银行借贷合一联名卡分别在《理财周报》及《上海证券报》举办的年度评选中被授予"最便捷信用卡"及"最具创意信用卡"奖项。

此外,浦发银行坚持通过差异化的产品服务、市场营销、宣传活动,提升客户对浦发银行信用卡的黏度。产品方面,浦发银行继续通过功能性产品"加速积分卡"及主题性产品"财星卡"满足基础客户及中端客户需求;针对高价值客户推出浦发尊尚白金信用卡。此外,还积极开拓区域性特色信用卡产品,分别发行了深圳创意旅游卡、兰州万华浦发吉祥联名卡,济南恒隆·浦发联名卡等产品。

市场活动方面,浦发银行信用卡中心继续围绕优化客户体验来传递品牌理念,星巴克免费升杯、加油站超市5倍积分、星级酒店自助餐同行免单、健身会所买一赠一、百货商场刷卡优惠、35元看大片、精彩旅游主题等一系列市场活动持续提升了客户对浦发银行品牌的认同感,浦发信用卡"你能享更多"的品牌形象也因此在客户经营中获得进一步巩固。同时,浦发银行信用卡中心还与国内最大的景区预订及资讯网站合作,率先开通信用卡积分兑换热门景点的平台,为持卡人提供了一个全新的积分兑换品种。浦发信用卡也成为业内首家提供常年积分兑换景点门票的信用卡。

三、网上银行的发展

在信用卡使用渠道方面,浦发银行信用卡中心也紧抓客户需求,顺应迅速发展的电子商务潮流,不断推出创新举措。为了进一步拓展电子商务领域应用,扩大浦发银行信用卡在电子支付领域的市场影响力,浦发银行信用卡中心正式开通信用卡银联无卡支付业务,成为较早推出该项业务的股份制商业银行之一。银联无卡支付业务上线后,浦发银行信用卡在银联网络的交易将全面覆盖线上和线下交易领域,支持面对面及非面对面、有磁及无磁不过卡交易等各种用卡方式,浦发信用卡的使用功能得到全方位提升。同时,信用卡中心持续打造多渠道还款便民服务,推出了ATM跨行取现还款功能、更多的网上信用卡还款功能等还款渠道。浦发银行还在上海率先推出了信用卡生活缴费服务平台,客户使用浦发信用卡登录浦发个人网银即可缴纳水电费、煤气费、话费等各类生活账单,浦发信用卡的便民使用功能得到全方位提升。

四、风险管理情况

2011年,浦发银行信用卡中心在风险防控方面紧密结合客户的实际消费模式与需求进行了一系列提升,进一步优化了信用卡审批系统和审批流程,推出了新版申请评分卡及决策引擎系统，更加有效地平衡了业务创新和风险防范之间的关系。同时加强内部控制力度，密切监控各业务环节风险点，按照银监会等相关监管机构的要求，认真开展案件防控及排查工作。凭借严谨的风险控制体系和卓有成效的安全防控手段，2011年度，浦发银行信用卡不仅全年呆坏账率远低于业内平均水平，且有效杜绝重大风险事件的出现。

2011年，浦发银行信用卡中心顺利完成信用卡系统群应用层面的整体升级扩容。扩容后的信用卡系统平台将支持发行5 000万张信用卡，具有480TPS的峰值交易处理能力，为未来业务的跨越式发展提供了强有力的技术支撑。

在客户服务方面，浦发银行信用卡中心坚守一切以客户为主导的服务理念，一手抓硬件建设，顺利完成系统群升级和网站可用性改造、落实各类系统开发项目，为产品开发和业务发展提供有力支撑；一手抓软件提升，加强服务团队建设和培训，不断完善短信平台和在线账户服务，以促进各项服务指标的不断提升，并为客户提供更加便捷、个性化的服务。同时，卡中心顺势而为，在新浪微博上开通了"浦发银行信用卡客服"官方微博，以期利用各种社会化网络媒体新渠道，更好地为我们的持卡人提供即时优质的服务。

五、社会责任

浦发银行信用卡中心组织员工开展了一系列公益活动，积极践行社会责任。1月8日，浦发银行信用卡中心100多名员工参与了全行第四次志愿者日活动，大家一同走上街头，参加"蓝天下的至爱"募捐活动。3月，浦发银行信用卡中心积极参与由JA组织发起的"JA中国事业起航工作坊"的活动，走进了上海理工大学中英工商学院，带给在校大学生一场关于职业发展及模拟面试的精彩演示。

2011年，浦发银行信用卡中心继续推进安全用卡宣传工作。通过信用卡中心官网的"安全用卡专区"及全国主流大众、平面类媒体，发布信用卡安全使用常识，引导广大公众正确使用信用卡，并在媒体上陆续发布了"浦发信用卡五重护卫保证用卡安全"、"浦发提醒持卡人长假过后别忽视信用卡账单"等消费引导类文章，获得读者的欢迎。10月，浦发银行信用卡彩信账单上线。相比纸质账单，彩信账单不仅具有私密性和时效性，而且更加符合环保、低碳的消费潮流。浦发银行也是业内较早推广信用卡电子账单的银行之一。

2011年9月，"2011年上海征信专题宣传月"活动正式启动。浦发银行信用卡中心积极参与其中，在官网设立"珍爱信用记录，享受幸福人生"征信安全宣传专区，普及个人征信安全及相关金融知识，帮助持卡人树立正确的信用记录与征信安全意识。

展望2012年，浦发银行信用卡中心将坚定不移地贯彻以客户为中心、以市场为导向、以创新为发展驱动力的经营理念，立足中端客户，培育高价值客户，大力发展基础客户，通过产品、服务、经营机制和管理手段的不断推陈出新，在新一轮消费金融发展中取得突破性成长。

第十四章

兴业银行

一、2011年业务发展概况

自2004年发行首张信用卡至今，兴业银行信用卡中心一贯秉承真诚服务、相伴成长的理念，坚持为全国各地的持卡人提供优质、便捷、高效和个性化的信贷、支付服务。2011年，兴业信用卡业务更是在连续几年快速发展的基础上，再接再厉，实现突破。通过持续加大产品创新和市场营销力度，进一步推进零售业务融合与精细化经营，实现信用卡业务客户结构、产品结构和收入结构持续改善，市场竞争能力不断提升，经营管理水平再上台阶，不但赢得客户的广泛认可，也形成了自身的经营特色，树立良好的品牌形象，并且连续第三年实现全年盈利。截至2011年末，兴业银行信用卡中心已拥有了一支近千人的专业化团队。

截至2011年末，兴业银行累计发行信用卡909.07万张，全年新增发卡188.93万张；全年实现交易金额1 144.52亿元，同比增长72.76%；全年实现收入25.00亿元，同比增长111.49%。在盈利能力显著增长的同时，信用卡不良率同比下降0.2个百分点，为0.82%，信用卡资产质量继续在同业中名列前茅。

2011年，兴业银行信用卡大步进军商旅领域，先后与东方航空、吉祥航空携手发行联名信用卡；顺应金融网络化趋势，与阿里巴巴集团旗下淘宝网、支付宝合作推出淘宝联名信用卡；继续致力于差异化服务，在成功打造标准白金信用卡、悠系列白金卡、GOLF白金卡、行卡及睿白金卡等面向高端客户的产品的基础上，进一步推出银联尊尚白金信用卡，为持卡人提供高品质的服务。这些产品的成功发布，使得兴业信用卡产品线更为完善，截至2011年底，兴业信用卡已形成了白金卡、标准卡、主题卡、联名卡、认同卡、公务卡共六大系列、40余款产品。

二、新增产品及服务

（一）兴业银行东方航空联名信用卡

兴业银行联合中国东方航空股份有限公司，于2011年1月28日发行东方航空联名信用卡，侧重为航空商旅客户提供全方位飞行服务及用卡体验。东方航空联名信用卡精心打造白金卡（标准版）、钛金卡/白金卡（精英版）及金卡三款卡种，满足不同商旅人士的个性化出行需求。

以白金卡（标准版）为例，该产品为客户提供了最高6个信用卡积分累积东航"东方万里行" 1点积分的业界最优航空里程累积计划；同时为客户提供了高回馈、高附加值、高端全程商旅服务保障，如全年8次豪华轿车免费机场接送服务，24小时无限次非事故道路救援服务，全面覆盖飞机、火车、地铁、轮船、公共交通汽车等出行渠道的最高1 000万元公共交通工具意外保险及快乐旅行保险；白金卡（标准版）首度实现与航空公司VIP会员权益的结合，持卡客户可尊享东航"东方万里行"银卡会员权益，如优先订座、优先候补、优先办理乘机手续、超额免费行李、休息室候机等尊贵服务。

（二）兴业银行淘宝网联名信用卡

2011年5月28日，兴业银行与阿里巴巴旗下淘宝网、支付宝携手推出的兴业银行淘宝网联名信用卡（以下简称淘宝联名卡），是兴业银行与淘宝、支付宝全面战略合作中的重要内容之一。作为网络新型支付行业的领头企业，淘宝网所拥有的庞大受众群体、超高的网络人气和海量在线商品信息，具有独特的魅力。淘宝联名卡作为兴业银行2011年新型支付领域的重要产品，可有效改善客户结构、提升客户用卡行为、提高兴业银行信用卡品牌价值度、实现销售渠道的延伸。

淘宝网联名信用卡特别针对网购人群的生活态度及习惯推出了"快捷支付，网购直通车"、"网上生活，积分给力攒"、"网上账单，想查我就查"、"淘宝购物，积分即时抵"及"精打细算，越淘越开心"五大专享功能。从网上申请、网上快捷支付、网上积分支付、网上对账单查询、网上还款等方面为客户提供全流程网上服务。其中"网上账单、想查我就查"与"淘宝购物、积分即时抵"功能为目前国内市场首创，尤其是"淘宝购物、积分即时抵"功能，充分体现信用卡积分价值，并极大地延伸了信用卡积分的应用场景；而账单在线实时查询功能也将更加契合网络人群的生活习惯与方式。

（三）兴业银行吉祥航空联名卡

兴业银行携手吉祥航空于2011年11月15日联合发行吉祥航空联名信用卡。该产品完美融合兴业银行卓越的金融服务和吉祥航空全方位的飞行服务，在常规的信用卡融资与支付功能基础上，实现联名信用卡与吉祥会员卡的结合，满足了商旅人士对商旅出行服务更高的要求，提供最高130个信用卡积分累积1元吉祥积分的优惠里程累积计划，同时在全球机场贵宾服务、专车机场接送、高额航空意外保险等方面为商旅人士提供高回馈、高附加值、高端全程商旅服务保障，为客户开启全程优越体验的完美商旅生活。

（四）兴业银行银联尊尚白金信用卡

兴业银行于2011年11月3日推出银联尊尚白金信用卡，该产品融合了各类高端服务资源和网络资源，进一步为高端白金卡持卡人提供高品质、全球化的银行卡服务。银联尊尚白金信用卡集兴业银行与中国银联高端服务于一身，兴业银行为银联尊尚白金信用卡持卡人提供尊享机场贵宾礼遇、钻石级健康服务、高额交通意外险、高尔夫畅打、家庭生活秘书和汽车租赁至尊礼遇等白金级服务，中国银联则在白金秘书、白金商圈、商旅预订等领域提供特色权益与服务。

银联尊尚白金信用卡的上市，体现了兴业银行信用卡一贯秉承的强强联手的原则，也充分表明双方在打造民族自主品牌，产品服务国际化战略高度契合。它标志着双方的产品合作有了新起点，达到新高度。

（五）兴业银行DIY信用卡

兴业银行为满足年轻时尚族群的个性化需求，倡导低碳理念，于2011年12月1日联合北京环境交易所发行了DIY信用卡。该产品发行品牌为银联人民币信用卡，包含横版和竖版两个版面。客户群定位为年轻、时尚族群，客户可通过DIY卡网站注册/登录后，根据自己的喜好自行设计个性化卡面。DIY信用卡持卡人每刷卡1笔，兴业银行即出资1分钱，于4月22日世界地球日集中向北京环境交易所购买自愿碳减排量。

三、网上银行的发展

兴业银行信用卡网上支付业务于2009年2月正式上线，目前已与支付宝、财付通、快钱、银联等市场占有率较高的主流非金融支付机构形成紧密合作，受理范围已基本覆盖现有的网上商户。随着功能的逐步完善和应用的不断丰富，兴业银行信用卡网上支付业务发展迅猛，业务量在同业股份制银行中已排名前列。

2011年4月，为进一步提升客户支付体验，兴业银行又进一步推出了信用卡快捷支付业务，业务推出即受到客户的欢迎，客户规模不断扩大，同年，又上线了网关分期、积分支付等创新支付产品。随着网上支付业务创新产品的不断推出以及精细化经营的深入开展，兴业银行网上支付业务将不断跃上新的台阶。

兴业银行信用卡网上商城包括积分商城和分期商城。其中积分商城于2008年6月正式上线运营，至今其兑换量占整体积分礼品兑换量的50%以上，月均兑换量约2万笔。积分商城主要分为礼品兑换、航空里程、卡片专享、限量抢兑等功能板块，基本满足卡产品差异营销需求。同时，积分商城也是各项积分营销活动的整合营销平台，其多级页面的个性化广告位设置能有效满足营销宣传需求。2008年7月，兴业银行邮购分期业务正式推出信用卡分期商城，现有网上商户十余家，月均交易额近200万元，产品线覆盖电脑、数码、手机、日用家电、生活家居、手表首饰、化妆品及服装等10余个品类，目前已成为邮购分期业务主要的订购渠道之一。

四、风险管理情况

通过外包催收机构实现不同地区落地催收，是提升催收回收成效的有效手段。截至2011年末，兴业银行信用卡中心签约外包催收机构共计18家。在外包催收机构管理方面，兴业银行通过非现场稽核与现场稽核相结合，并不定期对各合作机构予以指导和培训的方式，对外包催收机构进行有效督导和管理。

2011年，兴业银行信用卡业务在快速发展的同时，风险控制取得了良好成绩，信用风险和欺诈风险指标均进一步下降。2011年随着宏观经济环境的趋紧，部分行业和地区的风险形势有所抬头，部分优质高额客户因资金问题出现偿还能力不足。为防范信用风险，兴业银行根据外部经济环境的变化和不同客群的风险水平，及时调整授信政策。同时加强对出现风险的行业企业的排查力度，尽早发现和处理潜在风险客户。在欺诈风险防范方面，面对伪卡欺诈事件有所抬头的趋势，兴业银行一方面总结欺诈特征，建立各类交易监控和报表排查规则，通过风险换卡、个性化参数设置进行伪卡防控；另一方面加强与分行沟通，开展自查自纠风险报送，扩大伪卡风险信息协查渠道等。随着欺诈管理理念以及风险防范手段的不断提升，兴业银行最近三年来欺诈实际损失金额逐年递减。

五、社会责任

在业务取得快速发展的同时，兴业银行信用卡中心不忘回馈社会，积极履行社会责任。

2011年4月22日世界地球日之际，作为全国首张低碳信用卡发行者，兴业银行信用卡中心以其所设立的公益性基金"低碳乐活基金"于当日集中购买自愿碳减排量1 108吨，作为对"地球母亲"的一份特殊献礼。此举是继兴业银行在业内首发低碳信用卡后，践行"绿色金融，倡导低碳生活"的公益性创新举措，充分体现了兴业银行对社会、对环境的一份企业责任感。截至2011年末，中国低碳信用卡累计发卡逾15万张，累计购买碳减排量超过3.2万吨，相当于中和了23万人乘坐飞机飞行1 000公里所产生的碳排放量。与此同时，中国低碳信用卡持卡人购碳资金有力地支持了湖南东坪72兆瓦水电碳减排项目、广东省下坪垃圾填埋气收集利用等碳减排项目，切实通过信用卡这一载体，实现了低碳行动的承诺，减少温室气体排放。

2008年5月19日，兴业银行在全国发行首张爱国主题信用卡——中国心信用卡的同时，启动"中国心信用卡公益计划"，每年通过中国扶贫基金会对老少边区贫困学校进行捐助。2011年，"中国心公益计划"爱心再度"给力"，为福建省龙岩市长汀县汀师附小（又名黄屋小学）的所有贫困学生提供了爱心包裹，解决了孩子们的学习文具短缺问题。

除此之外，兴业银行信用卡中心还多次开展各种形式的扶贫帮困活动，如2011年5月的"一份兴业爱心"活动，员工自发捐款资助广西百色老区委果小学继续开办学生早餐；11月开展的狼牙山八一希望小学捐助活动，共募集电脑5台、物资千余件、善款上万元；组织开展"点滴改变，从志愿做起"系列义工活动，组织志愿者赴儿童福利院、康复中心对病儿、脑瘫儿童实施关爱的爱心活动，与"热爱家园"连续开展了旨在帮助务工人员子弟获得更多的教育资源的爱心助教活动；与上海多家敬老院开展敬老及捐赠活动。兴业银行信用卡中心已将"义工活动"形成长效机制，今后将继续组织员工轮流、定期参与此项活动，激发员工奉献、回报社会的责任感。

第十五章

中国民生银行

一、2011年业务发展概况

2011年，民生信用卡在寻找有价值客户、深入开展交叉营销、全面提升中间业务收入等方面取得显著成效。截至2011年12月31日，民生信用卡累计发卡量达到1 153万张，当年新增发卡240万张，同比增长60%；全年实现交易量1 775亿元，同比增长65%；贷款余额386亿元，同比增长135%；全年实现营业收入40.6亿元，同比增长98%；不良率仅为0.84%。

凭借优质的产品和贴心的服务，民生信用卡获得了一系列赞誉：民生信用卡中心的客户服务部以独特的团队管理和科学的运营管理模式，获得了由中国银行业协会颁发的"优秀示范单位"称号；凭借"民生·银联in卡形象代言人选拔活动"，荣获由中国银联颁发的"2011年银联卡合作创新奖"奖项。

二、新增产品及服务

（一）民生in卡

作为全方位为年轻群体打造的信用卡，民生in卡囊括了所有80后、90后们对信用卡的期望：极富艺术气息的超炫卡面、周一到周日不同主题"引无数大牌尽打折"的权益活动、取现免手续费的优惠、信用卡和维络城"双卡合一"的功能。民生in卡有两个版面供选：音符版和油画版，分别有看得见的炫光和摸得到的布纹，充满个性和质感。其营销推广活动也是银行业的一次大胆创

新——一场历时半年、规模宏大的代言人选拔赛得到了全国各地年轻人的积极响应，也赢得了包括"2011年银联卡合作创新奖"在内的众多赞誉。

（二）留学生多币种卡

民生银行推出的涵盖美元、欧元、英镑、澳大利亚元、加拿大元、日元等多币种留学生卡不但覆盖了主要留学地，而且能为去欧洲、澳大利亚等地旅游、留学的客户及商务人士提供刷卡消费等便利，节约了外币兑换费用。民生留学生多币种信用卡为持卡人提供根据自身所在留学国家任意选择双币卡境内外结算转换功能，国内可用人民币自动购汇还款，让留学生轻松消费、轻松还款，且无须支付高额手续费。

针对低龄留学生，由家长申请主卡，留学生本人申请附属卡，境外消费、境内还款，可轻松解除留学生家长对子女境外不当消费的顾虑。留学生在海外的每笔消费次日均有电子邮件通知，每月都可收到电子邮件对账单，避免纸质账单邮寄的遗失风险，方便安全。为避免客户因持有多张不同币种信用卡造成账目混乱，民生银行会在每月同一账单日为客户的每个外币币种分别出具账单，即使客户根据出行国家办理了多张不同币种的信用卡，也无

须因多项币种消费产生的账目混乱而烦恼,全球消费细节,轻松一目了然。

三、网上银行的发展

民生信用卡网上商城成立于2007年,是一项以分期和网购为特色的增值服务。随着国内电子商务市场的快速发展,在卡中心领导的关怀和指导下,网上商城于2009年底组织起了一个专业电子商务团队,一方面着力引入优质供应商、丰富品类品牌,另一方面加大推广力度、推进精准营销。2011年,民生信用卡网上商城进入了一个全新发展时期,实现年度交易将近2亿元,收入逾千万元,较2010年翻了一番。2012年民生信用卡网上商城全新改版上线,本着为持卡人提供优质商品和服务的宗旨,在基本层面确保市场热点商品(苹果手机、平板电脑、金银收藏品等热卖紧俏商品)充足供给,着力推进专题活动品牌化("9仰大名"百货类专题,"周二特卖会"综合类专题);在创新层面引入B2C合作进行供应商整合,丰富产品品类,开启手机商城项目推出智能手机客户端,搭建数据库外呼主动营销平台、增强客户黏性、进行精准营销。

为给民生信用卡持卡人营造便捷、安全的网络支付环境,同时使民生持卡人在网络购物时能够享受分期服务,民生信用卡中心开发了自己的支付网关产品。支付网关产品在2011年共实现了超过5万笔的支付量,近8 000万元的交易规模,极大地方便了持卡人的网购。分期功能也刺激了消费者的购买欲望,提升了网上商户的交易量。未来民生信用卡中心还将在支付产品创新上有更大的突破,为民生持卡人提供更加易用、放心的支付产品。

当前国内消费者的网上支付习惯正在发生变化,越来越多的网上消费正倾向于选择快捷支付、移动支付等新兴支付方式。民生信用卡也在这方面做着积极的调研工作。正在建设的民生信用卡快捷支付产品和移动支付工具,将通过这些便捷的支付渠道,建立广泛的客户群,尤其是年轻客户群体,提前占据未来发卡的目标客群，为后期的发展提供有力手段和工具。

与此同时，民生银行新网银项目已在如火如荼地开展中。信用卡作为整个网银项目中的子项目，以客户为中心，贯彻服务和营销理念，力争做到用户体验最优、业务流程最优、交流互动最优，打造客户满意、业内领先的电子银行领航旗舰，从而提高信用卡电子自助渠道使用效率，扩大信用卡收益范围。

四、风险管理情况

伪冒类案件隐蔽性与欺骗性更强，对于风险防范提出更高要求。为了应对复杂的风险环境，中国民生银行信用卡中心2011年不断开展扎实有效的工作，致力于健全全面风险管理架构、完善全面风险管理机制；建立上下统一的风险定位与业务传导机制；建立涵盖主要风险点的风险管控政策与流程体系；加强系统化建设，优化风险管理模型，提升风险管控能力；加快风险管理人才队伍建设，形成民生银行信用卡中心特色的风险管理文化。

信用风险管控方面，民生银行信用卡中心科学制定客户推广优先级，注重已持卡客户的早期风险预警与贷后风险排查；对于早期逾期账户，根据其风险程度采取差异化的电话催收策略；组建营销中心自有催收团队，开展高逾期账户属地上门催收；与全国性委外公司开展战略合作，坚持保证金催收模式，作为自催团队的重要补充；积极拓展司法催收渠道，寻求稳定的法律合作关系。截至2011年底，信用卡自催团队共有催收客户经理672人，与全国33家委外公司保持着合作关系。

欺诈风险管控方面，民生银行信用卡中心一方面在贷前通过欺诈侦测系统排查高风险客户；另一方面在贷中通过交易监控系统侦测交易欺诈行为，及早发现潜在风险客户，并予以管控。

五、社会责任

2011年4月民生银行信用卡中心向民生信用卡翠竹小学捐赠的三间多媒体电教室正式投入使用，民生银行信用卡中心员工还负责指导每一位学生操作电脑、访问互联网。电教室设施的投入使用，大大改善了翠竹希望小学的教学方式，提升了教学效果，民生银行信用卡中心党委号召全体员工再次捐款100余万元，计划年内援建学生宿舍楼。民生银行信用卡中心在希望小学的建设上践行着企业的社会责任。

2011年，民生银行信用卡中心返聘了一批退休的金融业、科教业从业人员，开创了我国呼叫中心人员聘任制度改革之先河。这一举措不但是银行业在人才引进方面的重大管理创新，而且给曾经为国家奉献多年、已退休的行业精英搭建重返工作、施展才能的舞台，引起了社会各界的广泛赞誉。

第十六章

中国邮政储蓄银行

一、2011年业务发展概况

2011年,邮储银行信用卡业务取得了快速的发展。截至2011年底,累计发行信用卡196万张,同比增长175%。2011年全年累计消费金额182.70亿元,同比增长384%。在保持业务规模快速增长的同时,也保持了良好的资产质量,截至2011年底,不良贷款率0.71%,各项风险指标均低于同业水平。

二、新增产品及服务

为切合2011年全国大力宣传的旅游主题,邮储银行借助建设"海南国际旅游岛"、"西藏和平解放60周年庆典"以及"西安世界园艺博览会"等主题,有效整合部分旅游景点的金融资源和旅游资源,依托中国银联的产品平台及邮储银行自身优势,为邮储银行持卡人打造了两款旅游卡产品:游中国旅游卡、西安世园会联名卡。其中,游中国旅游卡包括两款卡片版面:海南国际旅游岛卡和大美西藏旅游卡。这两款旅游卡是银联标准人民币个人贷记卡,产品等级为金卡,具备消费、结算、预借现金、分期、免息期、短信提醒、积分等基本功能。

游中国旅游卡有效地整合了银联游中国系列的旅游资源,使持卡人在享受邮储银行信用卡金卡服务之外，还可持任意卡面享受海南、西藏特惠商户，银联商旅预订优惠，以及旅游景点门票优惠等服务；同时，游中国旅游卡还可兑换专属的旅游卡积分礼品。

2011年邮储银行作为唯一指定银行成为西安世园会的主要金融赞助商，邮储银行借此机会与西安世园会联手推出西安世园会联名信用卡。该产品主要为纪念性产品，在提供基本信用卡金融服务的基础上，还可兑换旅游卡专属积分礼品，并具有一定的收藏价值。

三、网上银行的发展

邮储银行网上银行自2010年6月上线以来，运行平稳，目前已实现还款、自动还款加办、账务查询、分期交易申请、积分兑换等主要功能。截至2011年末，已发展信用卡网银客户4万户，网上银行在信用卡客户中还有很大的推广空间。

随着移动互联网技术的迅猛发展，移动互联网服务功能日趋完善，风险防范能力日益增强，移动应用相关产业发展迅速。以手机银行为代表的移动金融业务进入高速发展期，成为银行办理业务的便捷通道，逐步为广大客户所接受。2011年邮储银行利用自身的特点和优势，整合现有的各种电子金融服务渠道，在已有的网上银行、电话银行、电视银行等电子支付渠道基础上为邮储银行信用卡客户新增一条电子交易渠道——手机银行。邮储银行手机银行为信用卡客户提供信用卡账户查询、对账单查询、在线还款、关联还款设置、交易及账单分期申请、积分查询、信用卡支付等功能，使客户无论身处何地都能方便地用手机完成信用卡相关业务。

四、风险管理情况

2011年，邮储银行确立了信用卡生命周期的风险管理框架，风险管理措施涵盖进件管理、预审、审批授信、额度管理、交易监控、欺诈防控、逾期催收、续卡、呆账核销各个环节。在秉承"审慎经营"的原则下，积极探索风险与收益的平衡，加大对风险管理措施的研究，强调风险管理在信用卡生命周期中的整体联动。针对邮储银行发卡初期欺诈风险及特点，及时筛查高风险客户及交易，提高贷后欺诈预警能力，制定差异化筛查、处理流程，结合外呼、降额，防范套现活动案件化。

截至2011年底，风险指标均低于国内同业平均水平。欺诈风险处于较低水平，在欺诈损失金额、欺诈卡量、单卡欺诈损失金额上均低于业内平均水平。

五、社会责任

邮储银行作为2011年西安世园会指定银行，不仅承担着世园园区内外各项基础金融服务工作，更肩负着向全球各金融机构展现中国金融机构整体服务形象，向全世界展现陕西三秦文化魅力的任务和使命。面对2011年西安世园会这一重大契机，邮储银行携手西安世园会共同推出世园联名信用卡，此款产品为银联标准人民币个人贷记卡，产品等级为金卡，着力打造邮储银行与世园文化相互融合的具有纪念意义的卡产品。

第十七章 北京银行

一、2011年业务发展概况

2011年,北京银行信用卡中心坚持产品创新与业务发展齐头并进,开拓新思路、新渠道、新举措,积极探索发展之路,业务发展迈上新台阶,顺利达成发卡量破百万张、交易金额破百亿元的"双百目标"。

二、新增产品及服务

北京银行信用卡中心发卡至今,在坚持机制建设、产品创新、服务完善等多种管理目标齐头并进的前提下,信用卡产品从无到有、从小到大,从功能单一到功能齐全,从面向大众客户到客户细分,共发行包括标准信用卡、香港旅游卡、公务卡、女性凝彩卡、大爱卡(单币、双币)、世界白金卡、建国60周年主题卡、妇女百年纪念卡、上海旅游卡、唐人街联名卡、I DO联名卡、时尚西城卡、品质海淀卡、北京卡、居然之家联名卡、中青旅遨游卡在内16个卡种,30张卡片。

北京银行信用卡产品除具备基础金融功能外,还具备增值服务功能、专属增值服务以及公益捐赠功能、特惠商户捐赠功能等。在增值服务以及专属增值服务功能方面,如标准卡、公务卡具备保险类服务;世界白金卡具备高尔夫无限畅打礼遇、24小时全国出行全程礼遇服务、国内外紧急旅行和医疗援助、私人秘书服务等功能；唐人街联名卡具备免费停车服务以及餐饮折扣、餐厅预订服务，酒店折扣及赠送免费住宿服务、民族园门票优惠；大爱卡具备申卡爱心捐赠、消费爱心捐赠、捐款绿色通道以及季度捐款通知等公益功能。

  2011年，信用卡中心结合市场需求和持卡客户的反馈，加快产品研发速度，升级现有产品功能，全年累计发行六款信用卡产品：一是与恒信钻石机构旗下I DO品牌发行首款珠宝饰品类联名信用卡——I DO联名卡，打造钻饰消费超值优惠，专供价格折扣、多重赠礼、双倍积分、婚庆主题服务等特色增值功能。二是在西城区政府的指导下，携手西城区多家百货商场联合发行以时尚购物为特色的主题信用卡——时尚西城卡，为消费者量身打造通享多家商场特权优惠、多倍积分、礼品通兑及特约商户折扣优惠等特色功能，整合西城区商业资源，使百姓享受便捷的消费方式。三是携手海淀区数家知名商场联合发行主题信用卡——品质海淀卡，整合海淀区优质商业资源，通过与十余家涵盖百货、超市、家居建材、餐饮等多业态海淀知名商业企业合作，向持卡客户提供多倍积分、免费停车、消费折扣等丰富多彩的品质特惠，使广大市民享受到更加轻松愉快、便捷高效的消费体验。四是与北京文化发展基金会共同发行的以弘扬北京文化为主题，以宣传北京、回馈百姓为目标的主题信用卡产品——北京卡，倾力打造公用事业缴费功能，持卡可免费欣赏北京传统的相声艺术表演，享受知名剧院消费优惠、老字号餐饮消费优惠以及知名景点折扣优惠等北京文化类服务，为持卡人提供公益积分捐赠渠道，推动首都公益文化事业繁荣发展。在"2011旅游盛典"及第二届金融理财TOP10总评榜"金貔貅奖"评选中，北京卡凭借独特的产品定位与文化功能分别荣获"年度最具文化表达信用卡"奖、"金牌影响力品牌"奖。五是与长沙居然之家家居建材营销有限公司合作推出首款家居类联名信用卡——居然之家联名卡，实现银行业与家居建材业合作模式的拓展与创新，为持卡客户提供全方位、立体化的金融服务。六是与中青旅控股股份有限公司联合发行首款旅游类联名信用卡——北京银行中青旅遨游卡，创新打造旅游消费超值优惠、酒店入住折扣、航空意外险等特色功能，为旅程中的客户提供全面便捷的支付服务，实现金融服务与旅游企业需求的有效对接，助力我国旅游产业健康快速发展。

三、网上银行的发展

北京银行信用卡商城于2010年10月上线，近30家供应商为平台提供2 000余种丰富的商品，分为护肤彩妆、手机通信、电脑外设、奢侈品等10个商品类别专区。商城设置秒杀、团购、拍卖三类常规活动，商品每天更新，以超值的价格、优质的商品满足不同用户的购物需求。此外，北京银行信用卡网上商城每月开展不同主题的专区特卖，定期发送代金券、赠送积分、赠送满额礼品，并以EDM邮件或促销短信的形式发送给用户，利用多种途径的营销模式带动商城平台销量，提高营业额。

四、风险管理情况

2011年度信用风险变化的主要表现仍为恶意拖欠，或因借款人支付能力及收入波动影响按时足额还款。在欺诈风险表现方面，欺诈风险案件种类逐渐增多，主要表现在三个方面：一是欺诈智能性强，运用高科技手段紧跟防范措施的变化和新业务的发展而不断推陈出新；二是利用网络、电信等新型技术进行信用卡欺诈；三是欺诈分工细致，从策划到实施形成了专业的信用卡欺诈产业链。

针对以上情况，北京银行信用卡中心在2011年主要致力于建立规范化、精细化的风险管理体系。全面贯彻落实《关于加强银行卡安全管理预防和打击银行卡犯罪的通知》、《中国银监会办公厅关于进一步加强信用卡业务风险管理的通知》、《商业银行信用卡业务监督管理办法》，实现风险管理水平的进一步提升。

在营销过程中，严格落实推广"亲访亲核"制度，细化与客户的沟通交流，在推广阶段有效甄别申请人，同时向客户就用卡风险和注意事项进行提示，加强前端风险防范。

在授信评审阶段，通过申请评分卡、决策引擎系统和防身份欺诈系统的上线，建立了标准化审批作业流程和防欺诈流程，在实现审批作业的科学性、标准性、高效性的同时，加强了审批源头堵截不良申请件的力度。

在授权监控与催收工作方面，通过7×24小时的授权监控工作，加强对交易风险的管理和把控，提升客户服务质量。同时，不断调整催收政策并优化催收流程，采取了多元化的催收方式，有效保护信用卡资产安全。

五、社会责任

（一）承担社会责任，真诚回报客户

北京银行于2009年5月12日汶川地震一周年之际，与中华慈善总会携手，共同推出慈善信用卡——"大爱卡"，积极参与公益事业，与持卡人一同关注慈善活动，回馈社会。发行至今，大爱卡受到了社会的广泛好评，慈善消费理念随之深入人心。截至2011年末，大爱卡累计发卡562 077张，通过其卡片独有的慈善捐赠功能——申卡爱心捐赠、消费爱心捐赠及捐款绿色通道，累计向社会捐赠的善款总额超过110万元。善款主要用于资助内蒙古自治区、河北省几百名中小学生学费、餐费、住宿费及学习用品等；支援特教学校购买培训器械及服装，配置多媒体教学设备及更新教学设施座椅；资助贫困学生家庭危房改建及救助先天性病患儿童。

同时，为支持北京文化建设与交流，推动首都公益文化事业发展，2011年北京银行发行具备公益积分捐赠功能的信用卡产品——北京卡，特别为北京卡持卡人提供公益积分捐赠渠道，持卡人如勾选申请表公益积分计划，可自愿将北京卡所产生的消费积分捐赠给文化基金会具有社会影响力的产品，

用于北京非物质文化遗产保护，共同为发展北京文化贡献自己的力量，并同时获得文化爱心证书，将慈善进行到底。

北京银行信用卡中心将继续带着使命感与责任感，以公益产品为桥梁，为客户搭建广阔的慈善平台，与客户共同发扬关爱社会的仁爱之心，发行更多具有社会影响力的产品，将慈善进行到底。

(二) 推进社会和谐，加强金融普及

为充分调动社会各界和广大群众参与打击和防范经济犯罪工作的积极性，宣传银行卡安全使用知识，北京银行配合北京市公安局、中国人民银行营业管理部等部门，于2011年5月15日参与"2011年打击和防范经济犯罪宣传日活动"，在朝阳公园组织开展以"打击防范经济犯罪，共建和谐美好生活"为主题的银行卡安全知识现场宣传活动。

为达到良好宣传效果，北京银行以高度的社会责任感对此次活动进行了精心策划和筹备，除现场发放安全用卡等金融知识宣传材料外，还别出心裁地策划了现场签名和微博互动两个活动，调动广大群众参与打击和防范经济犯罪工作的积极性、主动性，扩大了本次活动的宣传范围和影响力。此次活动的举办，使广大公众充分认识到防范经济犯罪的重要意义，对引导公众树立正确的金融安全观念，提高防范经济犯罪能力起到了重要促进作用，同时也为促进银行业健康有序发展和社会和谐稳定发挥了积极作用

第十八章

上海银行

一、2011年业务发展概况

2011年是"十二五"规划的开局之年,为信用卡业务的发展提供了难得的机遇,也对信用卡产业的发展提出了更高的要求。面对复杂多变的经济金融形势,上海银行信用卡中心坚持以客户为中心,不断拓展产品功能,进一步细分客户群体,优化销售模式;实现了信用卡各项业务的持续增长,盈利水平稳步提高,截至2011年末,信用卡累计发卡量突破230万张,持卡客户突破150万户,年度交易金额超过188亿元。

二、新增产品及服务

(一)加强全区域新产品的开发,充实现有产品系列

1. 宠耀白金卡——"申"情宠爱卡升级产品。2011年9月推出"申"情宠爱卡的升级产品——宠耀白金信用卡,旨在为高端女性提供全方位、高品质的增值服务,满足女性消费者追求

家庭、健康、理财的诉求。提供包含家庭司机、健康医疗、机场贵宾通道等增值服务。同时，宠耀白金卡启用银联提供的最新高端服务平台，推出更加丰富的市场促销活动。

2. 旅游系列卡的丰富——新增新加坡旅游卡和海南旅游卡两个产品。新加坡旅游卡：由上海银行与中国银联合作推出的信用卡产品，持卡人可享受新加坡当地包括酒店、景点、餐饮、高尔夫等在内的旅游预订和消费优惠，为持卡人旅游出行提供了更多的便利和服务；海南旅游卡：由上海银行与中国银联合作推出的信用卡产品，持卡人可享受海南当地涉及餐饮、酒店等4大行业、近50家商户的消费优惠和旅游服务。

（二）推进区域特色产品的开发，体现功能服务优势

1. 深圳鹏城卡——上海银行第一款磁条、芯片双介质信用卡。深圳鹏城卡为上海银行首张磁条、芯片双介质卡片，除具备上海银行信用卡基本功能外，还同时具备"深圳通"卡所有功能，可在深圳市区域内设有"深圳通"标识的地铁、公交、出租车等公交工具及便利店、社区超市等小额消费商铺内使用。

2. 苏州尚艺联名卡——富含道路救援、健康医疗等增值服务。苏州尚艺联名卡是上海银行首张富含增值服务的分行地区联名信用卡，该产品分"乐享卡"和"尊享卡"两个等级，客户在享受信用卡标准金融服务的同时，更可在文艺中心及其周边商户享受多项优惠折扣。其中"尊享卡"更可享受道路救援、健康医疗等多项增值服务。

3. 成都铁航商旅网联名卡——提供个性化商旅服务资源。由上海银行与四川铁航航空运输有限公司合作发行，持卡可享受购票特惠三选一、机场VIP服务优惠、酒店预订优惠、特惠商户等多项增值服务内容。

三、网上银行的发展

上海银行网上银行业务保持较快、良好的增长趋势。个人网上银行新增

客户同比增长112%，突破70万户，实现交易1 639万笔，同比增长70%；企业网上银行新增客户达到3.7万户，同比增长49%；共实现交易笔数1 383万笔，同比增长90%。

（一）拓展新增商户与拓宽存量商户合作范围并举，推动电子商务支付业务的发展

截至2011年末，共与77家网上支付商户签约，业务品种包括B2C、代发代扣、基金直销、公用事业缴费、直联支付、银联在线收单业务等。此外，抢占优质客户资源，实现资源互补互换，与网上支付合作商户开展了10项互惠活动，有效地促进了网上支付业务发展。2011年，网上支付笔数277万笔，同比增长146%；金额15.15亿元，同比增长218%。单月交易笔数最高已突破32万笔，金额近2亿元。

（二）丰富渠道功能、改善客户体验，进一步满足客户需求

2011年4月，实现了新一代电子银行系统2.0上线，建立了统一的电子银行业务管理系统、客户信息管理平台和电子银行整合平台，是上海银行电子银行建设的一次大提升。该系统在传承上海银行品牌形象的基础上，围绕电子银行的整体品牌"海派e客"，在菜单布局、系统兼容性、个性化设置、注册方式、操作方式等方面全方位提升客户体验，该系统新增了大小功能23项，包括个人网银自助注册、封闭式理财、定期存款部分提前支取、企业网银定期存款查询、证书管理、网上支付业务的直联支付模式、个人渠道的投资风险评估等，优化功能51项。

（三）客户及行业认知度进一步加快提升

响应首届"上海市信息安全活动周"号召，在上海地区23家支行的32个网点组织开展了"安全使用，网银随心"主题宣传活动，并被评为"第一届上海市信息安全活动周优秀组织单位"。与中国金融认证中心联合开展了"2011放心安全用网银联合宣传年"天津站活动，并被评为全国区域性商业银行"2011年网上银行最佳业务拓展奖"。

四、风险管理情况

上海银行信用卡业务以稳健、可持续发展为目标,坚持"区别对待、有保有压"的风险管理理念,严格落实宏观调控和监管要求,不断完善信用卡风险管理体系,积极推进上海银行信用卡业务健康发展。

(一)上海银行信用卡风险管理体系与架构

在总行风险管理政策和风险管理目标的指导下,上海银行信用卡中心承担信用卡业务各项风险管理和监控工作,形成以信用卡(发卡)授信、授权、反欺诈管理、逾期账务催收等业务环节为主线的信用卡风险管理机制。

(二)信用卡风险管理的主要策略

1. 重视宏观经济形势趋势,加强信用卡风险管理。上海银行关注宏观经济趋势和信用卡市场动态,正确研判国内外经济形势和发展机遇,根据当前的市场环境及上海银行信用卡的市场定位,不断细分优质客户,优化管理办法,同时结合历史经验与风险管理制度在实施过程中的合理性、有效性和可执行性,对信用卡相关风险条线业务进行了全面梳理,对相关发卡授信政策进行不断的修订与完善。

2. 建立风险指标监控机制,有效预测风险趋势变化。上海银行通过建立风险预警处置机制,建立系统化、层次化的风险管理体系,建立精细化报表数据统计分析体系,对滞延率、滚动率、不良率、损失率等信用卡风险控制指标进行全面分析,三位一体全面提升信用卡贷后管理水平,有效预测风险趋势变化。

3. 提升员工风险识别能力,深化落实"内控和案防制度年"活动。上海银行高度重视员工风险识别能力、操作合规意识。在营销端方面,进一步加强了分支行及直销团队的指导与沟通,通过提高营销人员对目标客户的风险识别能力,强化了发卡源头的风险防范。在发卡授信审批方面,积极组织安排各项操作流程、审核技巧、业务知识的培训,进一步丰富了培训手段和考核方式,有效提升了业务人员的业务素质与审核质量。同时为配合"银行业内控和案防制度执行年"活动,上海银行根据有关规定,每季度开展信用卡中心业务检查工作,以提升风险管控能力。

4. 加强伪冒风险防控,共同打击信用卡犯罪。上海银行积极处理来自中国银联和国际组织的风险提示,参加中国银联主办的各类风险联席会议,与各发卡行交流反欺诈经验和手段,在日常欺诈调查与处理中保持紧密协作关系,共同防范伪冒申请和伪卡风险。在年中,上海银行也根据人民银行反洗钱信息报告管理暂行规定的要求,制定了当场办卡客户身份识别的流程,进一步防控伪冒风险。同时,上海银行继续在案件接报、案件协查等方面加强与警方的通力配合,严厉打击了银行卡违法犯罪活动,维护了银行资金安全。

五、社会责任

为进一步彰显上海银行的社会责任感,2011年上海银行持续为中国的慈善事业投入力量,提升整体品牌形象。2008年上海银行与中国银联共同发行"银联标准中国红信用卡",三年以来,上海银行持续以"中国红发卡项目"名义向中国红十字基金会捐款,为中国的慈善事业奉献了自己的一份力量。

第十九章 南京银行

一、2011年业务发展概况

截至2011年末,梅花信用卡发卡总量7.4万张,同比增长1.9万张,活卡量为25 243张,活卡率为51.39%。全年交易金额13.04亿元,同比增长4.51亿元。全年交易笔数为483 276笔,卡均交易额为2 698元,未偿信贷余额为2.13亿元;不良率为0.85%,同比下降0.59%。

二、新增产品及服务

(一)产品创新

2011年南京银行消费金融与信用卡中心高度重视对已有产品的创新和升级,按高端、中端、低端个人客户分别配以白金卡、贵宾卡、普通卡策略。并于2011年推出白金卡、贵宾卡、公务卡三个新产品。产品的种类不断更新,产品的体系更趋完善。

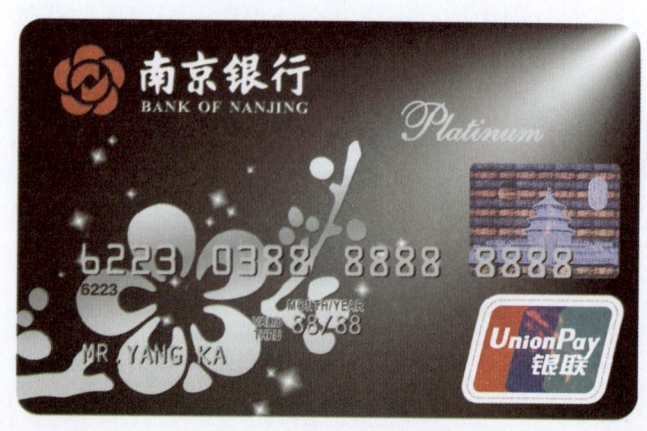

白金卡：为南京银行个人高端客户发行的高综合授信额度、高附加值的信用卡，针对高端客户发行，增加个人业务高端客户，提升南京银行的优质品牌形象。

贵宾卡：针对南京银行个人中端客户及小企业高管发行，满足其综合理财需要。

公务卡：针对财政预算单位工作人员（在职在编人员）发放的信用卡，主要用于日常公务支出和财务报销业务，能进一步完善和规范公共财政管理。

（二）服务创新

为提升客户的用卡体验度，2011年南京银行加强信用卡网银功能的完善与建设，提升客户的用卡环境。通过与支付宝合作推出快捷支付和在线还款功能，使持卡人网购更加简单、便捷，通过支付宝给信用卡在线还款，使还款渠道更加丰富。同时，通过网银密保和支付确认等双重验证，保障了用户账号安全及资金安全。

三、网上银行的发展

2011年上半年，南京银行开展信用卡网上支付业务渠道与系统功能建设，促进信用卡网上银行的发展。7月，南京银行与支付宝（中国）网络技术公司合作，推出梅花信用卡的快捷支付业务，截至2011年末，网上支付交易共29 534笔，交易总金额达到571万元。12月，南京银行完成了银联在线支付业务的技术准备工作，计划于2012年第一季度将此业务推出并且上线。

四、风险管理情况

通过与法国巴黎银行的合作，中心使用先进决策系统、内外部征信数据等，通过系统标准化的额度计算，进行信用卡产品的准入与额度审核。

为保障信用卡产品交易监控工作的有效、稳定开展，南京银行消费金融与信用卡中心特制定信用卡欺诈侦测业务规范，以降低欺诈交易的发生率，缩短对欺诈案件的判断周期，提高对欺诈案件的反应速度和处理效率，从而使客户银行可以远离欺诈交易所带来的风险，降低相关损失。若监测到卡片发生高风险异常交易，在告知客户后对相应卡片采取止付操作。

目前负责信用卡业务的委外催收、法务公司共两家。中心按照"分类管理、专业催收"的原则，对进入催收状态的信用卡账户进行专业催收管理。分类因素包括拖欠账期、拖欠原因等。催收方式包括短信、信函、电话、账户管制、法务催收等方式。

五、社会责任

南京银行怀着对广大客户和社会的责任心，即在发展信用卡业务的同时，更加注重履行社会责任，继2010年的公众教育服务日活动之后，2011年又进行了两次安全用卡宣传普及活动。在活动当天，银行工作人员向公众发放有关信用卡知识宣传材料，向公众宣传安全使用信用卡的有关注意事项，介绍了谨防信用卡欺诈的一些方法。对现场观众咨询的疑难问题，工作人员也进行了耐心的解答。

第二十章

平安银行

一、2011年业务发展概况

2011年平安信用卡新发卡72万张，同比下降69%。年末累计流通卡量510万张。在流通卡规模基本持平的情况下，全年总交易金额突破900亿元，同比增长43%；全年总交易笔数9 504万笔，笔均交易金额947元，每平均流通卡月均交易金额1 437元。期末应收账款余额151亿元，同比增长43%。在保持交易规模持续增长的同时，资产质量也继续保持在行业领先水平，2011年平安信用卡呆账率仅为0.74%，同比下降35个BP，良好的资产品质为信用卡各项业务的长期稳健发展奠定了坚实的基础。

二、新增产品及服务

平安信用卡产品体系完善，已连续推出了标准卡、保险卡、Bearbrick时尚卡、携程卡、车主卡、白金卡等产品，涵盖了高端、中端及基础客户，实现了产品的精细化与多样化经营。并且，借助平安集团强大的综合金融平台优势，产品的功能设计更能凸显渠道特色，符合渠道客户需求。

2011年8月，平安银行推出了一款专为车险电销客户量身打造的产品——平安银行i车信用卡，这款产品是平安银行、平安产险强强联合发行的首张信用卡，产品充分发挥平安保险集团优势，融合产险汽车保险服务和信用卡汽车金融服务，为客户提供全面的用车礼遇。在不足5个月的时间内，车险电销渠道实现发卡26万张，活卡率超过45%。

平安银行i车信用卡凸显了其在功能与服务上的独有特色。

（一）超值加油优惠计划，让客户刷卡开心

1. 加油双倍积分，积分兑换专属加油奖励金。刷平安i车信用卡加油，可享"1元加油费=2倍消费积分"，即加油消费人民币1元，可累积2个万里通积分。同时，可以每月用万里通积分专属兑换加油奖励金，贴补加油花费。

2. 加油更省钱。活动期间，申请平安i车信用卡可立即参加上海、北京、广州、深圳、天津、杭州、东莞、惠州、福州、厦门、泉州11大城市加油优惠活动，加油最低95折。

（二）便捷用车服务、多重安全保障，让客户开车放心

1. 7×24小时百公里免费道路救援。在平安车险商业险有效期内，平安i车信用卡提供100公里以内的免费非事故性道路救援，解除客户用车时的后顾之忧。

2. 优选车险理赔账户。在获得客户允许的前提下，会将理赔款直接打入客户的i车卡账户，一站式服务、理赔更轻松。

3. 200万元航空意外险。客户使用平安i车信用卡为自己支付100%客运民航机票票款或支付80%以上（含80%）的旅游团费费用，即可获赠当次航班最高200万元的航空意外保险保障。

平安银行信用卡为客户境内及境外消费提供了多种优惠促销活动，从"刷越多，返更多"、"平安最旅行—999挺近香港"到"周周5笔128，好礼升级节节高"，再到"金龙飞舞，刷卡赢福"等贯穿全年，为客户用卡提供更多实惠与便利。同时也带动了消费金额的提升，并通过对外宣传树立良好的品牌形象。

三、网上银行的发展

2011年平安信用卡网上支付加强渠道及分期业务的建设,助力平台的迅速成长,全年交易金额逾19亿元。

1. 渠道建设情况:2011年,平安信用卡积极拓展商户,扩大网上支付覆盖面,并进行差异化经营,与重点商户深入合作,把握先机,开展新型支付业务,不断优化客户的支付体验。

2. 网上支付情况:在分期支付方面,为满足客户的消费需求,便于客户灵活理财,积极拓展分期业务,为客户的支付提供更多选择;此外,全年开展丰富的营销活动,加强与客户的联动,最终实现品牌知名度的提升及业务的不断增长。

3. 网上商城情况:"平安银行信用卡商城"开通于2010年5月,是平安银行对信用卡客户提供的持卡人服务之一。基于简洁、快速、清晰的商品挑选和支付流程,丰富的产品类别和具有特色的商品,充满竞争力的价格优势,诱人的网上购物积分回馈机制,成为喜爱网上生活的持卡人的购物乐园。同时也通过精心经营,成功打造了"天天最便宜"、"逢十必团"等引人关注的品牌活动,也成功示范了如"联想"、"周大福"、"ABS"等品牌的信用卡商城旗舰店。自开通至今近两年,年销售金额已逾3亿元。平安信用卡商城还积极通过对诸多供应商商品进行主动比价、整合、推广。将新品、降价、团购、促销等各类优惠信息通过网站、邮件等渠道对客户进行告知,为持卡人提供各类生活购物引导和便利,让客户真正得到平安信用卡"轻松理财、聪明消费"的用卡体验,成为平安品牌的重要组成部分。

四、风险管理情况

2011年,在总行风险管理目标的指引下,平安信用卡始终将风险防控放在信用卡经营管理的重要位置,将风险防控理念完整融入授信政策、初审、征信、伪控及催收等信用卡风险管理环节，通过各环节作业流程与管理信息平台支持，建立了较为健全的风险管理体系。

1. 在团队建设方面，平安信用卡大力建设风险政策支持团队，引进专业人才。通过动态监测信用卡风险指标情况，准确把握风险趋势，完善风险管理制度，预防潜在损失。同时，积极运用数据统计技术、开发评分模型，有效地支持精准化市场营销、客群开发和风险经营，从而大力提升客户整体水平，降低风险损失的可能性，增加信用卡长期收益能力。

2. 在风险监测方面，随着外部环境的不断变化，有效防范伪卡风险，已成为各信用卡发卡行风险管理的重要课题。平安信用卡建立了交易监测模型，持续分析伪卡交易特性，优化交易侦测规则。同时，加强与卡组织及兄弟银行的交流合作，充分利用信息共享平台，对疑似被侧录客户及时采取管控、换卡措施，最大限度地降低了伪冒损失。

3. 在套现风险防范方面，持续分析套现交易特性，进一步细化套现治理策略。2011年，在平安信用卡全面覆盖、全面监控的基础上，平安银行集中针对性质恶劣的专营套现商户和恶性套现客户进行关闭和冻结，严厉打击信用卡套现，净化收单环境。

4. 在贷后管理方面，为加强贷后催收，最大限度地回收不良资产，平安银行实现了催收中心集中化作业，有效发挥后台集中处理的规模优势。同时，不断优化催收作业流程，提高业务自动化处理水平，合理降低催收成本。2011年平安信用卡委外催收公司有13家，呆账率及不良率持续下降，资产质量保持良好。

五、社会责任

2011年，平安信用卡主要从以下三个方面履行社会责任。

（一）开展爱心饭盒活动

为响应集团爱心号召，平安信用卡商城于2011年10月至11月开展"平

安商城 爱心厨房"活动。通过开展购物专区，客户每在专区购买厨房用品一件，平安银行都将为希望小学捐赠爱心饭盒一件，把爱的阳光带给他们。2012年，商城将会积极响应集团公益安排，致力于公益活动，支持山区希望小学，让他们感受平安的温暖。

（二）持续援建"梦想中心"

平安银行对平安希望小学"梦想中心"的援建一直在进行，2011年筹集的员工爱心基金达25万元。"梦想中心"里面配备了约5 000册的图书，连接多媒体的电脑、电视、DVD数码产品。这间集图书室、电脑室、多媒体功能于一体的梦想中心教室，不但为平安希望小学提供硬件升级装备，也通过多媒体的演示途径，为学校知识供应系统提供多样性的选择。

（三）推广"绿色账单"

平安银行信用卡从2010年4月起，大力推广电子账单，通过赠送消费积分等方式鼓励客户舍弃纸质账单，选择电子账单，以此倡导低碳消费方式。2010年全年，电子账单件数共336万封，2011年全年，电子账单件数跃升至690万封，同比增长105.3%，占总账单数的38.5%。共节省690万封纸质账单，以2张A4纸加1个信封算，每份纸质账单20克，2011年节省了138吨用纸，同时还节约了690万次的邮递运力。